URSULA KOCH

Verspottet, geachtet, geliebt – die Frauen der Reformatoren

neukirchener
aussaat

URSULA KOCH

Verspottet, geachtet, geliebt – die Frauen der Reformatoren

Geschichten von Mut, Anfechtung und Beharrlichkeit

Ich widme dieses Buch meinen Enkelinnen
Leonie und Hannah,
meiner Tochter Christine sowie meiner
Schwiegertochter Josepha,
der Ehefrau eines evangelischen Pfarrers.

Inhalt

Zitate aus historischen Quellen, jeweils behutsam dem gegenwärtigen Sprachgebrauch angepasst, sind im Text kursiv gesetzt.

1

Wie die Frauen einander begegnen

500 Jahre ist es her, dass bedeutende Männer die Botschaft von der unverdienten Gnade Gottes verkündeten. An ihrer Seite standen tapfere Frauen und setzten sich auf ihre Weise in den ersten evangelischen Gemeinden für die Lehre der Reformation ein. Sie sind vor langer Zeit in das himmlische Reich eingegangen.

Einige von ihnen lebten in engem Kontakt miteinander, andere kämpften und litten einsam auf ihrem Platz. Wie wäre es, wenn sie zusammenkämen?

Stellen wir uns vor: Eine Nachricht verbreitet sich unter ihnen. Sie kommt von einer Katharina, der Lutherin. Sie ruft die Freundinnen jener vergangenen Tage, auch die Nichtfreundinnen, bekannte Gestalten der Geschichte und unbekannte, jung Gestorbene und solche, die alt wurden.

Alle, die gerufen werden, versammeln sich und begegnen einander mit einem Lächeln:

Katharina Kreutter aus Mühlhausen, 1466–1525 (?)
Anna Zwingli aus Zürich, 1484–1538
Argula von Grumbach aus Bayern, 1492–1554 (?)
Katharina Melanchthon aus Wittenberg, 1497–1557
Katharina Zell aus Straßburg, 1497–1562
Katharina Luther aus Wittenberg, 1499–1552
Elisabeth Cruciger aus Wittenberg, 1504–1535
Wibrandis Rosenblatt aus Basel, 1504–1564
Idelette Calvin aus Genf, 1507–1549

Wenn sie nun die Erinnerungen wachrufen und einander ihre Geschichten erzählen, dann fällt ihnen vieles ein, was in der Welt vergessen ist. Sie berichten nicht der Reihe nach, sie halten sich nicht an die Konventionen, sie reden von dem, was ihnen wichtig war, was sie bewegt hat, von ihrem Leiden und ihrem Lieben, ihren Kindern und ihren Ängsten. Sie reden durcheinander und sie hören einander zu.

Eine alte Frau steht in ihrer Mitte, die keine von ihnen kennt.

»Wer bist du?«

Sie lächelt. »Ich heiße Katharina und lebte in Mühlhausen. Gott hat mich zu euch geschickt.«

»So sei willkommen«, sagen die anderen.

»Aber Idelette fehlt noch.« Anna Zwingli blickt im Kreis umher. »Auf Idelette müssen wir unbedingt warten. Sie kommt bestimmt, aber sie ist sehr still und bescheiden.«

Da nähert sich eine. »Braucht ihr mich wirklich?«, fragt die Frau Calvins und tritt in den Kreis.

»Oh ja«, antworten alle.

»Die Menschen wissen nicht, wie es wirklich war«, beginnt die Lutherin. »Sie kennen kaum unsere Namen. Und doch haben wir Großes erlebt, was vor uns keine Frau sich auch nur vorstellen konnte.« Sie wendet sich an Katharina Zell aus Straßburg: »Du hast gepredigt, Zellin! Ich habe sicher viel geredet in meinem Haus und am Tisch mit meinem lieben Herrn Doktor und all den Studenten und Gästen. Manchmal zu viel, wie mein Mann sagte. Aber wohlgesetzte Worte wie du habe ich nie gefunden.«

Die Zellin lacht, sie lacht laut und herzlich. »Ja, ich habe gepredigt, damals am Grab meines Mannes. Da konnten sie es mir nicht verbieten, denn alle wussten, wie furchtbar sein Verlust für mich war. Aber es ist eine lange Geschichte und es war ein weiter Weg, den ich gehen musste. Wollt ihr das hören?«

Die andern nicken: »Ja! Erzähle, wir hören zu.«

2

Wie es kam, dass Stumme zu reden begannen

»Der gute, der liebe Matthäus Zell! Auf Martin Bucers Rat hat er mich geheiratet. Alle Pfarrer sollten heiraten, so riet der Mönch in Wittenberg, dein lieber Herr Doktor, Lutherin. Aber dass ich, gerade ich, die Frau des ersten lutherischen Pfarrers am großen und berühmten Straßburger Münster werden sollte, das war der unerforschliche Wille Gottes. Ich war doch nur die Tochter eines Schreinermeisters, nur ein einfaches Mädchen.

Ich spielte mit den anderen Kindern im Hof hinter der Werkstatt meines Vaters. Wir trugen unsere Puppen umher, windelten sie, wie wir das bei unseren Müttern gesehen hatten, und legten sie an unsere Brust.

Auf einmal sagte meine Freundin Elsa: ›Du siehst ja aus wie die Gottesmutter mit ihrem Kind.‹

Oh, wie war ich stolz! Als mein Vater aus der Werkstatt trat, sprang ich ihm entgegen und rief: ›Ich bin die heilige Mutter Maria! Ihr müsst mich anbeten!‹

Da hob er die Hand und schlug mir ins Gesicht. Mein ›Kind‹ fiel in den Schmutz und ich lief weinend in die Küche zu meiner Mutter.

›Das ist eine schreckliche Sünde‹, rief sie und schlug die Hände über dem Kopf zusammen. ›Du gehst noch heute Abend zur Beichte.‹

Als es dunkel wurde, schlich ich in die leere Kirche. Der Priester, der auf dem Stuhl hinter dem Gitter saß, schalt mich eine dumme Gans. Ich hätte die Gottesmutter beleidigt. Obwohl ich noch nicht zehn Jahre alt war, musste ich viele Rosenkränze beten, und er trug mir auf, dass mein Vater sich am Sonntag um einen Ablass für mich bemühen müsse, weil ich sonst ganz gewiss in die ewige Verdammnis geraten würde. Über der Kirchentür sah ich den weit aufgerissenen Rachen des Satans, der mich verschlingen wollte wie all die anderen armen Seelen, und ich rannte weinend nach Hause.

Mein Vater war sehr böse auf mich – und auch auf den Priester –, weil er nun so viel schwer verdientes Geld ausgeben musste. ›Der Kirche in den Schlund werfen …‹, hörte ich ihn murmeln, denn der Ablasshandel war ihm schon längst nicht mehr geheuer. Aber was sollte er tun? Sein eigenes Kind dem ewigen Verderben ausliefern?

Meine Puppe berührte ich nie mehr. Still saß ich in einer Ecke, wenn die anderen ihre ›Kinder‹ umhertrugen oder an die Brust legten. Und nachts – oh, es waren schreckliche Nächte! –, nachts stand ich am Eingang der Hölle, die

Dämonen griffen nach mir und zerrten an meinen Kleidern, dass ich schreiend und schweißgebadet aufwachte.

So ging das viele Jahre. Ich war ein stilles Kind und eine stille Jungfrau. Immer und überall erkannte ich meine Sünde, sah mich auf dem Weg ins Verderben und lebte in ständiger Angst vor dem Gericht Gottes. Bis ich Matthäus Zell im Pfarrhaus predigen hörte. Er war von seiner Gemeinde im Schwarzwald vertrieben worden und nach Straßburg geflüchtet. Die Menschen hielten ihn für einen Ketzer. Darum durfte er nicht im Münster Gottesdienst halten.

Den Tag werde ich nie vergessen. Die Sonne leuchtete durch das Fenster des Pfarrhauses. Das Kreuz auf dem schlichten Altar stand im Licht, im himmlischen Licht, so schien es mir. Nirgendwo waren Bilder von der Hölle zu sehen. Von Gnade sprach Zell, davon, dass Gott uns erlöst habe durch das Blut seines Sohnes. Uns, die wir alle Sünder seien. Dass wir selbst die Gerechtigkeit nicht erwerben könnten, auch nicht mit guten Werken. So habe es der Mönch Martin Luther in der Bibel gelesen, und keiner der vielen gelehrten Theologen konnte ihn widerlegen. Luther habe vor Kaiser und Reichsständen zu seiner Überzeugung gestanden. Da fiel es mir wie Ketten von den Händen und Füßen. Gott erbarmt sich, wenn kein Mensch sich erbarmt!

An einem Sonntag fasste ich Mut und wagte es, nach dem Gottesdienst zu Zell zu gehen. Die Knie zitterten mir und meine Stimme bebte, als ich bekannte, dass ich eine Sünderin sei. Er legte seine große Hand auf meinen Kopf und segnete mich. Da wusste ich, was das ist: Gnade! Unverdiente, geschenkte Gerechtigkeit! Und ich bat Zell um die Schriften Martin Luthers.

In meiner Kammer saß ich und vergaß die Arbeit im Haus, meine Angst vor dem Gericht, den Schlund der Hölle. Als meine Mutter mich rief, stieg ich widerwillig ins Wohnzimmer hinunter und zog mich früh zurück.

›Willst du schon schlafen?‹

›Ich bin sehr müde‹, antwortete ich. Und die Eltern machten sich wohl Sorgen. Aber meine Müdigkeit hinderte mich nicht, atemlos weiterzulesen:

Ein Christenmensch ist ein freier Herr über alle Ding und niemand untertan.

Ein Christenmensch ist ein dienstbarer Knecht aller Ding und jederman untertan. Diese zwei Beschluss sind klar: Sankt Paulus 1 Cor. 9. ›Ich bin frei in allen Dingen und habe mich eines jedermanns Knecht gemacht.‹

Und weiter: *Zum fünften hat die Seele kein ander Ding, weder im Himmel noch auf Erden, darin sie lebe, fromm, frei und Christ sei, denn das heilig Evangelium, das Wort Gottes, von Christo gepredigt …*

Ich war sehr müde, und die Augen fielen mir fast zu, trotzdem nahm ich auch noch die andere Schrift in die Hand:

Denn dies Wort, da Gott spricht: Seid fruchtbar und mehret euch, ist nicht ein Gebot, sondern mehr als ein Gebot, nämlich ein göttlich Werk, das zu verhindern oder zu unterlassen nicht bei uns steht, sondern es ist ebenso notwendig, wie dass ich ein Mannsbild sei, und notwendiger als Essen und Trinken, Reinigung des Leibes, Schlafen und Wachen. Es ist eine eingepflanzte Natur und Art ebenso wohl wie die Gliedmaßen, die dazu gehören.

Am Sonntag brachte ich die Schriften zurück ins Pfarrhaus. Und als ich vor ihm stand, da fasste Matthäus meine beiden Hände und sah mich so freundlich an, dass mir das Herz aufging wie nie zuvor und ich kaum den Weg nach Hause fand. Wenige Wochen später kam der lutherisch gesinnte Martin Bucer mit seiner Frau Elisabeth nach Straßburg. Er forderte Zell auf, zu heiraten, damit er ein Zeichen gegen die Unmoral der römischen Kleriker setze. Da klopfte der Herr Pfarrer ans Tor unseres Hauses. Mein Vater ließ ihn ein, und sie gingen in eine Kammer und sprachen lange hinter verschlossener Tür. Schließlich riefen sie mich und fragten, ob ich denn den Matthäus Zell heiraten würde – und ich antwortete ohne Zögern: ›Ja!‹

Nach der Trauung schloss der Bischof uns vom Abendmahl aus, denn Matthäus war Priester und zur Ehelosigkeit verpflichtet. Dazu konnte ich nicht schweigen! So viele Jahre hatte er ehelos gelebt und nicht nur unter Einsamkeit gelitten. Als ich in unserer ersten Nacht bei ihm lag und er voll Verlangen und doch ein wenig hilflos seine liebe Hand nach mir ausstreckte, da begriff ich, wie wahr es ist, was Luther in seiner Predigt ›Vom ehelichen Leben‹ schrieb: *Denn es ist nicht ein freies Ermessen oder Ratschluss, sondern ein notwendig, natürlich Ding, dass alles, was ein Mann ist, ein Weib haben muss, und was ein Weib ist, muss einen Mann haben.*

Ich schrieb dem Bischof einen Brief …«

— »Und du hast nie eine Antwort bekommen, nicht wahr? Das kenne ich!«, ruft die edle Frau Argula von Grumbach dazwischen. »So ist es mir mit meinen Briefen auch ergangen!«

»Eine Antwort vom Bischof? Nein, natürlich nicht! Aber das Blatt, auf dem mein Brief gedruckt stand, haben sich die Frauen in Straßburg aus den Händen gerissen und lasen: *Eure Töchter sollen Prophetinnen sein, sagt der Prophet Joel.* Keine hat gewusst, dass solche Sätze in der Bibel stehen! Doch hört, wie es weiterging:

Als der Rat der Stadt gegen den Willen des Bischofs das Kirchenregiment übernahm, durfte Zell im Münster predigen. Brave Handwerker bauten ihm eine hölzerne Kanzel, die wurde im Gang des Kirchenschiffs hin und her geschoben, denn die Domherren verboten ihm, auf ›ihre‹ Kanzel zu steigen. Tausende strömten herein aus den Gassen und von den Plätzen: Handwerker, Ratsherren, Adlige. Ich stand mitten in dem Gewühl, und ich war stolz auf ihn, meinen Matthäus!«

— »Aber *deine* Predigt! Erzähle, wie *du* gepredigt hast!«, drängt Elisabeth.

Einen Augenblick muss Katharina Zell sich besinnen. Zu viele, zu mächtige und bewegende Erinnerungen drängen auf sie ein. Dann richtet sie sich auf.

»Ja, meine Schwestern, ich habe gepredigt, dies eine Mal, aber nicht von der Kanzel. Als ich an jenem Morgen nach einer schlaflosen Nacht aufstand, waren meine Gedanken verworren. Ich fühlte: Ich muss etwas sagen, doch ich wusste auch: Noch nie hat eine Witwe am Grab ihres Mannes in der Öffentlichkeit gesprochen! Und sie hatten mich schon oft genug in der Gemeinde kritisiert, dass ich mich nicht fügen wollte.

Aber hat nicht Maria Magdalena den Jüngern die Botschaft gebracht, dass unser Heiland lebt? Darf ich dann nicht auch reden von der Hoffnung der Christen auf das ewige Leben? Niemand konnte es mir verbieten. Ich habe so viele Jahre lang meinen Matthäus sprechen lassen, denn er war ein großer Prediger vor dem Herrn und zwanzig Jahre älter als ich – doch an seinem Grab musste ich das Wort ergreifen, denn sein Mund hatte sich für immer geschlossen.

Aufgeschrieben habe ich nichts. Erst in den Tagen danach, als so viele kamen und fragten, ob sie nicht die Predigt nachlesen könnten, habe ich alles so ungefähr zu Papier gebracht. Aber in meinem Kopf war diese Rede wie ein Faden, ordentlich auf ein Knäuel gebunden, und als ich begann, wickelte er sich ab, Wort für Wort, Satz für Satz:

Liebe Freunde, dieweil dieses Begräbnis und Handlung mich am größten Teil betrifft ... so muss ich auch dazu etwas reden, welches ich mich nicht kann enthalten aus der Fülle meines betrübten Herzens ... Zum andern kann ich auch nicht lassen, euch, die ihr also hier vorhanden, weiter zu vermahnen ... und euch zu erinnern der Lehre und Lebens, die dieser mein frommer Mann geführt hat ...

Es war ein kalter Tag im Januar. Die Menschen standen frierend um das Grab, aber keiner rührte sich von der Stelle.

Ich bitt' euch aber zuvor, dass ihr mir nichts für Übel aufnehmen, noch an mir ärgern wollt, als ob ich mich jetzt in das Amt der Prediger und Apostel stellen möchte; nein gar nicht, sondern allein wie die liebe Maria Magdalena ohne Vorbedacht ihrer Gedanken, zu einer Apostolin ward und vom Herrn selbst gedrungen, den Jüngern zu sagen, dass Christus erstanden wäre und zu seinem und unserem Vater aufgestiegen, also ich jetzt auch, ohne allen meinen Vorsatz, da ich, aus meinem Haus gegangen, nicht gedacht habe, etwas so mögen zu reden …

Ja, sie haben sich in ihre dünnen Mäntel gehüllt, der Schnee fiel in das offene Grab, und sie hörten zu. Ich habe ihnen das Vaterunser ausgelegt, so wie es mich mein Matthäus gelehrt hat, alles, was ich über die Gerechtigkeit allein aus dem Glauben wusste, habe ich ihnen verkündet, damit sie wissen: Mag auch der gute Pfarrer Zell in Gottes Reich eingegangen sein: Seine Botschaft ist nicht mit ihm dahingegangen!

Am Ende polterte die Erde auf den Sarg und die Totengräber taten ihr Werk. Aber ich stand wie unter einem offenen Himmel und wusste: Es war nicht umsonst!«

— Elisabeth lächelt. »Du hast gut daran getan zu reden! Du hast ihnen gezeigt: Auch durch uns spricht der Geist Gottes! Mein Caspar hat es gewusst, aber er traute sich noch nicht, es laut zu sagen.«

»Erzähle!«, sagt die Lutherin. »Ich weiß, du hast Verse niedergeschrieben, die noch heute in den Kirchen gesungen werden, Elisabeth!«

Elisabeth lässt sich nicht lange bitten.

»Ja. Es war eines Morgens, noch vor Sonnenaufgang. Ich wachte auf, und das Lager neben mir war leer. Ich wusste, wohin Caspar gegangen war. Er liebte es, den nächtlichen Himmel zu betrachten und über den Gang der Sterne nachzudenken. Wunderbare Geschichten hat er mir erzählt, wenn wir in der Nacht zum Firmament schauten.

Ganz fest nahm er mich in seine Arme, es sah uns ja niemand, und zeigte mir die Bilder, von denen schon die Griechen erzählt hatten: Orion und Kassiopeia, Herkules und den Schwan. Aber nichts liebten wir mehr als den Morgenstern, wenn er aufging und die Nacht vertrieb. Als ich nun allein auf meinem Lager daran dachte, wie nun wieder der Morgenstern aufgehe, da kam es mir, dass unser lieber Herr Jesus wie das rettende Licht über unserem Leben steht. Es erfüllte mich dabei eine solche Freude wie nur einmal zuvor: als nämlich unser guter Freund Bugenhagen im Kloster Marienbusch uns staunenden Mädchen von der Gnade und Barmherzigkeit Gottes erzählte.

Da stand ich auf, holte mir von Caspars Schreibtisch ein Blatt und tauchte die Feder in seine Tinte. Als er schließlich hereinkam, in seinen Mantel gehüllt und trotzdem fröstelnd, rief ich ihn in die Schreibstube und zeigte ihm das Blatt.

Herr Christ, der einig Gotts Sohn,
Vaters in Ewigkeit,
aus seim Herzen entsprossen,
gleichwie geschrieben steht,
er ist der Morgensterne,
sein Glänzen streckt er ferne
vor andern Sternen klar …

Er sah mich an, dann wieder das Blatt Papier. ›Wie schön‹, sagte er, ›wie wunderschön!‹, legte seinen Arm um mich und las weiter:

... für uns ein Mensch geboren
im letzten Teil der Zeit,
dass wir nicht wärn verloren
vor Gott in Ewigkeit,
den Tod für uns zerbrochen,
den Himmel aufgeschlossen,
das Leben wiederbracht:

Lass uns in deiner Liebe
und Kenntnis nehmen zu,
dass wir am Glauben bleiben,
dir dienen im Geist so,
dass wir hier mögen schmecken
dein Süßigkeit im Herzen
und dürsten stets nach dir.

›Wie wunderbar‹, sagte Caspar, ›wie schön das klingt. Das muss man singen: *dein Süßigkeit im Herzen*! Du bist eine Dichterin!‹ Und er las laut die letzten Strophen:

Du Schöpfer aller Dinge,
du väterliche Kraft,
regierst von End zu Ende
kräftig aus eigner Macht.
Das Herz uns zu dir wende
und kehr ab unsre Sinne,
dass sie nicht irrn von dir.

Ertöt uns durch dein Güte,
erweck uns durch dein Gnad.

Den alten Menschen kränke,
dass der neu' leben mag
und hier auf dieser Erden
dein Sinn und alls Begehren
und G'danken hab zu dir.

›Ich werde es dem Herrn Doktor geben!‹, rief Caspar, als er alles gelesen hatte.

›Wirklich?‹ Ich erschrak.

Noch am selben Tag ging er zu Martin Luther ins ›Schwarze Kloster‹. Ich wartete mit klopfendem Herzen an unserer Haustür. Was würde der große Herr Doktor dazu sagen? Er war ja einer, vor dem Kaiser und Papst sich fürchteten. Und wer war denn ich? Eine Klosterschülerin aus Pommern, die von seiner Botschaft gehört hatte. Eine, die als Fremde, als Flüchtling nach Wittenberg gekommen war und nur einen Namen kannte: den Lehrer Johannes Bugenhagen! Ihm hatte ich geglaubt, als er zu uns von der Gerechtigkeit Gottes redete und von der Freiheit eines Christenmenschen.

Ich sah Caspar mit schnellen Schritten über den Marktplatz zurückkommen. Und dann erzählte er: Martin Luther las meine Verse und staunte. ›Sie hat das geschrieben? Sie?‹ Dann klopfte schon wieder ein Student an die Tür, er legte das Blatt zu anderen Liedern, die er selbst geschrieben oder gesammelt hatte, und sagte, er werde es wohl mit aufnehmen in das neue Gesangbuch, aus dem die Evangelischen singen sollten. ›Aber‹, rief er meinem Caspar noch nach: ›Es muss niemand wissen, dass sie es geschrieben hat!‹ Caspar tröstete mich: ›Warte nur ab!‹

Und er hatte recht. In der zweiten Auflage des Gesangbuchs stand nicht mehr ›anonymus‹, sondern ›Elisabeth Cruciger‹ als Verfassername unter dem Lied. Da war Luther schon dein lieber Eheherr geworden, Katharina, und da wusste er auch, wie gut Gott es gemeint hat, als er Mann und Frau füreinander schuf. Bei unserer Hochzeit sprach er noch so streng mit uns davon, wie viel Kummer, Not und Schweiß der Ehestand mit sich bringen würde. Ach, es war auch nicht leicht, wir waren so jung und ich hatte keine Mitgift, doch Caspar und ich, wir hatten einander von Herzen lieb. Er sagte immer wieder: ›Du hast Vater und Mutter verlassen und bist aus Pommern gekommen, weil du der Botschaft des Martin Luther geglaubt hast. Du bist viel mutiger als die meisten von uns Männern.‹ Aber als ich einmal träumte, ich stünde auf der Kanzel und predigte (es war ein wunderschöner Traum!), lachte er mich aus: ›So weit wird es nie kommen.‹«

— »Ha! Nicht von der Kanzel, aber mit der Feder haben wir uns doch schon längst eingemischt!« Es ist Frau Argula, die wieder das Wort ergreift.

»Ja, Euch hat man gelesen!«, antwortet eine.

»Ihr konntet Euch ausdrücken, Frau Argula, sogar in gereimten Versen!«, meint eine andere. »Eure Schriften und Briefe haben sich die Frauen auf den Märkten aus den Händen gerissen!«

Die stolze Fürstin schüttelt lächelnd den Kopf. »Meine Schwestern, ich habe nicht mehr getan als ihr durch eure Worte und euren Dienst. Es war mein Glück, dass ich gute Lehrer hatte. Und dass mein teurer Vater mir schon, als ich noch ein Kind war, eine Bibel zu lesen gab, eine deutsche Bibel.«

»Luthers Bibelübersetzung habt Ihr schon als Kind gelesen?«, fragt die Lutherin.

»Nein, es war die ältere von Koberger. Die Sätze waren schwer zu verstehen, vieles konnte ich erst später begreifen. Aber trotzdem, auch in dieser sehr unvollkommenen Form habe ich so wunderbare Erzählungen kennengelernt wie die von Mirjam am Schilfmeer und der Richterin Debora. Solche Texte haben uns die Priester nie zu lesen erlaubt!«

Da rührt sich die fremde alte Frau: »Ja, wir sollten es nicht wissen, was in der Bibel steht. Und als ich davon hörte, da … ihr werdet es nicht glauben, Schwestern: Ich habe auch gepredigt. Sie haben es mir als eine schwere Sünde angerechnet. Aber ich habe es nie bereut. Sogar das Brot und den Kelch habe ich den Männern gereicht.«

»Du? Du hast das Abendmahl ausgeteilt? Erzähle!«

Die andern drängen sich um sie, doch die Alte hebt abwehrend die Hände: »Nein, lasst mich, noch nicht! Ich will erst hören. Ich habe einen hohen Preis gezahlt für dieses Verbrechen, wie man es nannte. Seht die Narben an meinen Händen und in meinem Gesicht. Es war Krieg. Wisst ihr, was das bedeutet: Krieg?«

»Der Aufstand der Bauern?«

»Das Gemetzel der Fürsten?«

»Der Krieg des Kaisers gegen die evangelischen Fürsten?«

Sie reden alle durcheinander, es waren zu viele Kriege, die sie durchmachen mussten. Nur eine schweigt und verbirgt das Gesicht in den Händen.

Wibrandis Rosenblatt, die vielfache Witwe, legt den Arm um die Schultern von Zwinglis Frau: »Lasst Anna reden! Sie weiß mehr als wir alle.«

Anna Zwingli sieht die anderen an, jede Einzelne, als wollte sie fragen: »Wirklich? Ihr seid bereit, *das* zu hören?«

Es wird still. Die Lutherin nickt. »Rede, Anna!«

3

Von den Schrecken des Krieges

»Es war nur *eine* Schlacht. Ich weiß, dass andere lange Kriegszeiten durchgestanden haben, dass viele auf der Flucht waren. Wir alle kennen die Verzweiflung der Witwen und Waisen. Und wir haben von dem Schreien und Toben auf den Schlachtfeldern gehört.

Bei mir war es nur ein Tag, stellt euch vor: *ein* Tag. Mit den Kindern und meinen großen Töchtern saß ich zusammen, während draußen der Herbststurm tobte. Die Männer waren alle fort: mein erster Sohn Gerold, mein Bruder, mein Schwiegersohn – und Zwingli, unser Vater, Ziehvater, treuer Ehemann und Tröster. Sie waren alle fort, draußen auf dem Feld bei Kappel. Ganz Zürich hatte ihnen das Geleit gegeben. Niemand wollte wieder aufgeben, was wir gewonnen hatten: die gute neue Lehre, die Menschenfreundlichkeit, die Freude an der Gnade, die uns die Seligkeit versprach. Die katholischen Kantone aber waren voll Rachsucht und Hass, aufgestachelt von ihren Priestern. Sie zogen heran – und mein Zwingli, der so viel in Büchern las und so viel predigte, der auch im Haus ein liebevoller Vater war und mich, mich, seine Frau, mit Achtung behandelte – er griff zum Schwert!

Seine Eltern hatten ihn Ulrich genannt, aber in jenen Jahren nannte er sich ›Huldreich‹, denn er wollte den Menschen mit Liebe begegnen. Der Heilige Ulrich von Augsburg war sein Vorbild, dem er nacheiferte. Als junger Priester war Zwingli mit Schweizer Söldnern nach Italien in den Krieg gezogen. Das Leiden und Sterben der Soldaten verstörte seine Seele. Im Grauen der Schlacht lernte er die Macht des Bösen kennen. Und dabei glaubte er doch, dass der Mensch gut und vernünftig sei. Nie wieder wollte er Krieg erleben! Immer redete er für den Frieden. Aber nun sah er sein Werk gefährdet, für das er lange Jahre alle Kraft eingesetzt hatte. Und so griff er zum Schwert.

Als er vor mir stand, dachte ich: Es sieht seltsam aus, wie er das Schwert hält. Und als er es in die Scheide stecken wollte, fiel es ihm aus der Hand und schepperte auf den Boden.

›Bleib hier‹, rief ich, ›du bist kein Kämpfer. Ich weiß, wie ein Krieger sein Schwert hält! Du kannst das nicht. Und sagte nicht unser Herr und Heiland: Wer das Schwert zieht, der wird durchs Schwert umkommen?‹

Zwingli sah mich an, seine Augen funkelten. ›Soll ich zusehen, wie meine Schafe hingemetzelt werden? Bin ich ein Mietling, wie der Herr sagte, oder ein guter Hirte?‹ Es war ein Stolz in seiner Stimme, den ich bei ihm vorher nicht gekannt hatte. Wenn Männer zu Kriegern werden, dann ist die Demut dahin.

Was sollte ich tun? Ich musste ihn ziehen lassen, wie ich Johann habe ziehen lassen – fast zwanzig Jahre zuvor. Und nun auch Johanns Sohn, meinen Gerold. Der wusste das Schwert zu halten, der war wie sein Vater ein Kämpfer voller Mut und Kraft. Aber die da aus den katholischen Kantonen kamen, hatten auch ihre stolzen Krieger. Schwestern, wann wird das endlich ein Ende haben? Diese blitzenden Augen, dieser Wille zu kämpfen?

Manches Mal an diesem Tag sah ich die Sonne durch die Fenster leuchten, gelbes Laub füllte den Garten und an den Bäumen glänzte es noch wie Gold. Doch dann kam der Wind und trieb dunkle Wolken über die Stadt.

Wir saßen und warteten. Die kleinen Jungen, Wilhelm und Huldreich, gerade fünf und drei Jahre alt, spielten mit Bauklötzen, ihre Schwester Regula mit einer Puppe. Die erwachsenen Töchter saßen wie ich mit gefalteten Händen. Auch Margarethas Mann war in die Schlacht gezogen.

Da kam Unruhe an der Haustür auf.

›Mutter, ein Bote!‹

Ich stand auf und ging ihm entgegen. Die Mädchen standen neben mir, aneinandergeklammert. Als ich sein Gesicht sah, wusste ich: Er brachte keine gute Botschaft.

›Euer Sohn Gerold …‹

Er sprach nicht weiter, ich wusste es auch so. Tot! Mein erster Sohn, das Glück meiner jungen Jahre, auch dann noch, als sein Vater starb, der stolze Johann von Knonau. Mein lachender Gerold, Zwinglis liebster Schüler …

Die Mädchen schluchzten laut, ich stand bewegungslos.

Und schon wieder schlug es heftig an die Tür. Ein anderer Bote stürzte am Fuß der Treppe nieder. ›Frau – es ist schrecklich!‹ Blut lief ihm übers Gesicht. Er stöhnte und stieß es hervor:

›Euer Bruder …‹

Mein einziger Bruder! Tot. Und Anton, mein Schwiegersohn. Tot. Mit einem furchtbaren Schrei fiel Margaretha mir in die Arme. Wir hielten einander umklammert.

Aber es war noch kein Ende des Schreckens. Mit lautem Geheul näherten sich geschlagene Krieger unserm Hause. ›Er ist nicht mehr! Er ist nicht mehr – unser Vater, unser guter Herr … Er ist nicht mehr!‹

Da wurde es still, ganz still. Totenstill.

So war es. Das war der Tag, an dem ich Witwenkleider anlegte und sie nie wieder ablegte in den Jahren, die dann noch an mir vorüberzogen. Sie kannten mich nicht mehr und ich kannte sie nicht mehr. In mir war alles leer, alles tot.

Meine armen Kinder und ich fanden Zuflucht bei dem guten und treuen Prediger Bullinger, der Zwinglis Nachfolger wurde. Wir litten keine leibliche Not und wir hörten das Wort von der Auferstehung. Aber ich wartete auf den Tod, sieben Jahre lang. In manchen Nächten habe ich zu Gott geschrien: Warum durfte ich nicht kämpfen und sterben – mit denen, die ich liebte? Warum hast du dieses Opfer von mir gefordert? Warum gerade von mir? Nur wenn ich vor dem Tabernakel kniete, in das mein guter Mann die Heilige Schrift gelegt hatte, wenn ich ihn – mit geschlossenen

Augen – auf der Kanzel stehen sah und in mir seine Stimme hörte, so ruhig, so fest, so tröstlich: ›Anna – du weißt, dass dein Erlöser lebt!‹ – nur dann wurde ich ruhig.«

— Lange schweigen die Frauen, jede in ihre Gedanken versunken.

Erst als Katharina Zell einen tiefen Seufzer ausstößt, wenden sie sich einander zu. »Ich sehe sie wieder kommen!«

»Wen denn, Zellin?«, fragt eine.

»Die, die vor dem Krieg geflohen sind.«

»Das wollen wir hören!«, fordern die andern.

Und die Zellin erzählt:

»Ich war so glücklich, in Straßburg zu leben. Kein Krieg hat uns dort erreicht, wir lebten in einer Oase des Friedens – trotz der ständigen Auseinandersetzungen mit dem Bischof, der uns alle am liebsten auf den Scheiterhaufen gebracht hätte. Diese Stadt, mein geliebtes Straßburg mit seinem hoch aufragenden Münsterturm, seinen leuchtenden Fenstern, seinen fest gebauten Häusern, schien unter dem Segen des himmlischen Vaters zu stehen: freie Reichsstadt, dem katholischen Kaiser untertan und doch erfüllt von der Sehnsucht nach dem reinen und unverfälschten Evangelium! Gerade deshalb kamen die Opfer des Krieges zu uns.

Es war im Juni, kurz vor der Zeit der Ernte. Aber nur der Tod erntete in dem schrecklichen Jahr 1525. Sie kamen aus den umliegenden Dörfern. Ein endloser Zug! Frauen, Kinder, Greise.

Einer unserer Knechte rief mich aus der Küche: ›Da

kommen welche auf das Stadttor zu! Wir müssen die Tore schließen!‹

Ich lief mit ihm hinaus, und Nachbarn drängten sich um uns.

Die Wächter kamen uns entgegen: ›Frau Katharina, was sollen wir tun?‹ Viele standen schon am Tor und fürchteten ein feindliches Heer. Aber die da heranzogen, waren keine Krieger. In den ausgemergelten Gesichtern stand der Hunger, stand die Verzweiflung.

Es war die Zeit, in der die Bauern gegen die Fürsten aufstanden. Sie hatten gelesen, was dein lieber Herr Doktor geschrieben hat, Lutherin: Von der Freiheit eines Christenmenschen ... Sie wollten niemandem mehr untertan sein, nur Gott selbst. Und da hat der Teufel sie gepackt, und sie haben gebrannt und gemordet. Ich bin selbst mit dem Pfarrer Capito und meinem Matthäus in ihrem Lager gewesen. Wie haben wir sie angefleht: Legt sie nieder – die Heugabeln, die Dreschflegel! Sie hatten ja nur erbärmlichste Waffen, aber sie hatten auch eine große Wut.

›Der Martin Luther hat's gesagt‹, riefen sie. ›Es ist genug mit der Drangsal durch die Fürsten und geistlichen Herren! Genug Frondienste! Genug mit den Abgaben, sodass unsere Kinder hungern, während sich die christlichen Herren den Bauch vollschlagen und ausspucken, weil sie's nicht mehr vertragen können.‹

Einige redeten sehr ernst mit uns und wir konnten ihnen nichts erwidern als das: ›Gott wird euch Gerechtigkeit verschaffen! Überlasst es dem Herrn!‹

Aber andere drängten sich dazwischen und bedrohten uns mit ihren Spaten: ›Nie hat uns einer geholfen. Soll doch der Doktor Martin Luther kommen und mit uns kämpfen. Sonst helfen wir uns selbst.‹ Sie waren bereit zu sterben. Und bei Scherweiler wurden sie grausam geschlagen.«

— Da begehrt die Lutherin auf: »O ja! Der Doktor Martin Luther hat's gesagt und anders gemeint. Er verzweifelte und wollte auch sterben. Wenn ihr ihn gesehen hättet, wie er durch das leere Schwarze Kloster in Wittenberg lief, die Hände rang und zum Himmel schrie: ›Der Teufel hat sie besessen. Der Teufel führt das Regiment! Und ich, ich bin schuld daran!‹ Nie war ihm die Macht des Satans bedrohlicher erschienen als in jenen Wochen. Noch viele Jahre später hat er es nicht überwunden, als er von den Predigern sprach, die durch ihre Worte zu Totschlägern werden könnten: ›*Ich habe im Aufruhr alle Bauern erschlagen.*‹« Die Lutherin schweigt und sinnt dem Vergangenen nach.

Am tiefsten bewegt ist die fremde alte Frau. Tränenüberströmt greift sie nach den Händen der Zellin. Als die andern sie auffordern zu reden, schüttelt sie wieder den Kopf. »Nein, redet ihr. Ich will hören.«

Und so beginnt Katharina Zell von Neuem:

»Als die Knechte die Stadttore schließen wollten, rief ich meinen Matthäus: ›Das geht nicht! Wir müssen sie aufnehmen!‹

›Sie können sich vor der Stadt lagern‹, sagten die andern.

›Wo willst du sie unterbringen?‹, fragte Matthäus.

Der Zug schien kein Ende zu nehmen. Und dennoch wagte ich es und rief: ›Es ist genug Platz!‹

›Also, im Namen des Herrn Jesus Christus, lasst sie herein‹, befahl mein Mann. Und so blieben die Tore offen.

Ganz vorn ging eine Frau in schmutzigen Lumpen. Sie trug ein Bündel an der Brust, und als ich auf sie zuging, schlug sie das Tuch zurück. Da lag ein Kind. Es war tot, aber die Frau schrie: ›Gebt mir Milch! Gebt mir Milch, dass es nicht stirbt!‹

Und dahinter ging ein Greis an einem Stock. Als er das Tor erreichte, fiel er zur Seite. Speichel lief aus seinem Mund. Sie holten Wasser, gaben ihm zu trinken und schleppten ihn in den ersten Hof. Ein kleines Mädchen klammerte sich an meinen Rock und wimmerte um Brot.

Inzwischen waren die Nachbarinnen zusammengelaufen. Einige standen nur da und gafften, andere ergriffen ein Kind, eine Frau, einen alten Mann und führten sie in ihr Haus. Matthäus und ich nahmen im Pfarrhaus in der Bruderhofstraße so viele auf, wie wir im Hof, im Keller und unterm Dach unterbringen konnten – es müssen wohl an die sechzig gewesen sein. Als immer noch nicht alle eine Zuflucht gefunden hatten, brachten wir sie in die Franziskanerkirche und ließen sie an den Seitenaltären lagern. Es sollte ja nur für ein paar Tage sein.

Der Magistrat der Stadt versammelte sich und gab seine Zustimmung. Der Ratsherr Lukas Hackfurt – sein Name soll nicht vergessen werden! – trat an meine Seite und fertigte Listen an. Allmählich hatten die Menschen begriffen, was zu tun sei. Sie schleppten Wasserkrüge herbei, der Bader versorgte Wunden, die Mütter brachten Milch, und wo ein Säugling in der Familie war, boten sie einer Mutter an, mit ihrem Kleinen dazu zu kommen.

Ich ging von Haus zu Haus. Wo Platz war, bat ich im Namen Jesu darum, noch einen Flüchtling aufzunehmen. Wo ich Familien allein am Tisch sitzen sah, bat ich sie zusammenzurücken. Es gefiel nicht allen, dennoch war eine große Bewegung in der Stadt. Matthäus stand auf dem Marktplatz und predigte: ›Was ihr getan habt einem meiner geringsten Brüder, das habt ihr mir getan …‹ Und alle wussten: Damit sind auch die Schwestern gemeint – und die Kinder!

Abends wurden die Stadttore geschlossen. Es wurde still nach all dem Lärm in den Gassen. Aus manchen Häusern hörte man Weinen, aber hier und da sangen sie die schönen neuen Lieder: ›Und wenn die Welt voll Teufel wär …‹

Denkt nicht, dass es einfach war: Die Flüchtlinge kamen aus zerstörten Dörfern, die Männer waren im Kampf gefallen oder als Gefangene fortgeführt, gequält, gefoltert worden. Tagelang waren die Menschen unterwegs gewesen, ohne Wasser, ohne Brot. Sie waren schmutzig und brachten Ungeziefer ins Haus, manche kannten auch noch gar keine Latrinen, sondern verrichteten ihre Notdurft an den Straßenecken. Die Frauen in den Häusern hatten ihre liebe Not, ein wenig Ordnung aufrechtzuerhalten. Auch im Pfarrhaus gab es keine ruhige Ecke mehr. Wenn mein Matthäus an seiner Predigt arbeitete, dann ging ununterbrochen die Tür zu seinem Arbeitszimmer, denn auf dem Flur hatte sich eine Familie eingerichtet und die Strohsäcke für die Kinder lagen neben seinem Schreibtisch. Aber wenn wir hörten, was denen zugestoßen war, die bei uns Zuflucht suchten, wie man ihr Vieh niedergestochen, ihre Häuser angezündet hatte, wie sie das Schreien ihrer Männer, Söhne, Brüder gehört hatten, die man auf den glühenden Rost warf – o Christenmenschen, was tut ihr einander an! –, dann wurden wir ganz still und baten den allmächtigen Vater um Erbarmen.

Ich saß bei der Frau, die mit dem toten Kind an der Brust gekommen war. Wir weinten miteinander. Auch mein Kind war gestorben, nur einige Wochen vorher. Niemand weiß, warum. Es hatte getrunken, in warmen Windeln gewickelt in der Wiege gelegen – und öffnete die Augen nicht mehr. Als der Schmerz mich zerriss und ich zu Gott schrie: ›Warum, Herr, warum?‹, da gab mir mein Herz Antwort: ›Nimm dich der armen Kinder an!‹ Und so begruben wir den kleinen Jungen in geweihter Erde, und gemeinsam suchten wir die Kleinsten auf, die ohne ihre Eltern angekommen waren und nicht wussten, ob Mutter oder Vater noch lebten. Ich hatte in diesen Tagen keine Zeit zu trauern. Bis in die Nacht verteilten wir Nahrung und Kleider überall in den Häusern. Es gab auch manchen Streit zu schlichten. Und Tote zu begraben.

Der Rat nahm, was sich in der Armenkasse fand, die wir eigentlich für die Bedürftigen unserer Stadt eingerichtet hatten. Konnten wir denn ein Kind hungern lassen, nur weil es nicht in Straßburg zur Welt gekommen war? Die Verantwortlichen hatten schlaflose Nächte, und doch war es wie ein Wunder: In den Häusern fragten die Menschen nicht, wer bezahlte. Sie gaben, was sie hatten, und alle wurden irgendwie satt. Es gab keinen Braten, aber Suppe und Brot. Und wir dankten Gott für den Reichtum, der sich in den Kellern fand, und noch mehr für den Reichtum der Herzen.

Ein halbes Jahr sind sie geblieben, dann zogen die Familien, eine nach der anderen, in ihre Dörfer zurück. Sie bauten Häuser auf, soweit noch ein starker Arm da war, um zu bauen. Manche wohnten im Stall. Doch sie begannen, die Felder zu bestellen. Alte starben und Kinder wurden geboren. Aus den Knaben wurden junge Männer. Es war Friede – und nichts schien den Menschen wichtiger.«

— »Aber wie bald, wie bald kam der nächste Krieg! – Ja, Zellin, auch ich war ein Flüchtling mit meinen Kindern.«

Die fremde alte Frau sieht die Lutherin erstaunt an. »Du? Warst du nicht sicher unter dem Schutz des Kurfürsten, der seinen Martin Luther nicht preisgab, nicht dem Kaiser und nicht dem Papst?«

»Nein, auch für mich gab es keine Sicherheit. Ihr habt vergessen, dass mein Martinus vor mir starb. Und wenige Jahre später wurde unser treuer, unser großmütiger Kurfürst Johann Friedrich vom Kaiser gefangen genommen! Wisst ihr nicht mehr, was für ein Entsetzen durch die Reihen der Evangelischen ging? Der Herrscher über das gute protestantische Sachsen – vom Kaiser als Gefangener mitgeführt, zum Hohn und Spott der katholischen Fürsten!«

Und die Lutherin erzählt ihre Geschichte:

»Dem alten Kanzler Brück, der nach Luthers Tod für unser Wohlergehen sorgen sollte, ging es nur darum, mir die Vormundschaft für meine Kinder zu entziehen, die Martinus in seinem Testament mir anvertraut hatte! Ich kämpfte wie eine Löwin. Mitten hinein in diese Auseinandersetzung kam die Nachricht, dass die Truppen des Kaisers sich Wittenberg näherten.

Ein Entsetzen packte die Menschen, und sie sahen mich auf der Straße von der Seite an: ›Die da … die da und ihre Kinder, die sind der Grund …‹ Noch ein paar Monate vorher hatten sie auf dem Markt tiefe Bücklinge gemacht: ›Frau Doktorin‹ hier, ›Frau Doktorin‹ da. Jetzt war ich der Grund für die Gefahr. Warum sonst sollte der Kaiser seine spanischen Truppen in das kleine Wittenberg schicken, während der Kurfürst in Torgau residierte? Es konnte nur einen Grund geben: Er wollte die Familie des aufsässigen Mönchs bestrafen, verbrennen, sein Grab schänden und wahrscheinlich die ganze Stadt in Schutt und Asche legen.

In meinem Herzen hörte ich den Herrn Doktor sprechen: ›Nehmen sie den Leib, Gut, Ehr, Kind und Weib …‹, aber als ich die Kinder sah, Paul und Maruschel, die so fröhlich im Garten spielten, als sei das Reich Gottes in Sachsen schon angebrochen – da überwältigte mich der Gedanke, sie würden vielleicht von den Kriegsknechten gefesselt, erschlagen, verbrannt, weil sie die Kinder Martin Luthers waren. Mein Herz wurde schwach, schwächer als jemals zuvor. Gott hat mir verziehen. Das Herz einer Mutter ist ein weiches Ding. Ihr wisst es, Schwestern.

Auch mein treuer Freund, dein lieber Philipp, Frau Nachbarin – auch Melanchthon riet zur Flucht. Ich warf einige Säcke mit Getreide und Gemüse auf den Wagen, Urban, der treue Knecht, hielt die Zügel und wir fuhren in den kalten Morgen hinein. Hinter uns blieb das Schwarze Kloster zurück, die Gärten, das Vieh. Alles, was ich in

Jahrzehnten aufgebaut hatte. Und vor mir die Straße, die Sonne, die hinter den Wolken aufging.

Ich wäre gern dahin geflüchtet, wo ich einen Freund wusste, der uns Schutz hätte geben können: Christian von Dänemark. In meinem Rocksaum eingenäht trug ich den Ring, den er mir schenkte, als ich noch die entlaufene Nonne Katharina von Bora war und im Hause Cranachs arbeitete. ›Wenn ich könnte, so würde ich Euch zur Königin machen …‹, hatte er geflüstert.

Natürlich konnte er nicht. Als er mich Jahre später als Hausfrau im Schwarzen Kloster wiedersah, da lächelte er und sagte, als es niemand hören konnte: ›Ich sehe, Ihr seid eine Königin geworden.‹ Treu war er über all die Jahre, schickte uns Fässer mit Heringen und Butter – aber jetzt brauchte ich mehr: eine Zuflucht!

Dänemark war weit, zu weit. Ich nahm die Straße nach Dessau. Als es schon dunkelte und ein heftiger Regen uns alle durchnässte, kamen wir durch ein Dorf. Vor einem großen Bauernhaus hielt ich die Pferde an und bat um ein Obdach für die Nacht.

›Woher kommt Ihr?‹, fragte die alte Frau misstrauisch.

›Aus Wittenberg.‹

›So, so, aus Wittenberg. Dahin ziehen jetzt die Kaiserlichen, hat man gesagt, um wieder Ordnung zu schaffen. War auch nötig. Was hat uns dieser vermaledeite Mönch doch für Unordnung gebracht.‹

Ich erschrak und wusste doch nicht, wie ich für diese Nacht noch eine andere Unterkunft finden sollte.

›Ihr könnt in der Scheune bleiben‹, sagte die Alte und humpelte ins Haus zurück.

In dem Augenblick kam die junge Bäuerin heraus. ›Was redest du da wieder für dummes Zeug, Mutter? Sei froh, dass mal einer den Missbrauch der Sakramente und dies Gerede vom Ablass laut und öffentlich gebrandmarkt hat.‹

›Ach du, ich weiß ja, dass du dich zu denen hältst. Aber es war doch früher alles besser.‹

Die Alte zog sich schimpfend zurück, die junge Frau holte uns in die Stube. ›Wie sieht es aus in Wittenberg? Wisst Ihr etwas von Luthers Frau? Man sagt, der Kaiser wolle sie auf dem Scheiterhaufen sehen.‹

Die Kinder standen neben mir mit vor Entsetzen weit aufgerissenen Augen. ›Nein, nein‹, sagte ich, ›Luthers Frau ist in Sicherheit, und noch hat kein spanischer Soldat Wittenberg betreten.‹

Wir verbrachten die Nacht in der Scheune und zogen am Morgen weiter. Von fern sahen wir die Türme Magdeburgs, wo unser Freund Amsdorf Bischof war. Aber auch dort hatten die Leute Sorge: ›Sollen wir sie beherbergen? Ziehen wir uns nicht des Kaisers Zorn zu?‹

Melanchthon hatte versprochen, uns Nachricht zu senden, wie es in Wittenberg gehe. Ich wartete bange Wochen. Die Truppen des furchtbaren Alba verwüsteten Sachsen. Wohin sie kamen, brannten die Häuser und die Kirchen, die man alle für lutherische Kirchen hielt. Wo sie einen Pfarrer im schwarzen Rock fanden, verprügelten sie ihn und warfen ihn aus dem Fenster oder in die Jauchegrube. Mancher von den treuen Brüdern opferte sein Leben für den guten evangelischen Glauben. Und die Soldaten erreichten Wittenberg.

Jemand hatte ihnen wohl gesagt: ›Hier hat *er* gewohnt!‹

Sie warfen Feuer in das Schwarze Kloster. Aber die alten Mauern – Gott sei's gedankt! – widerstanden. Nur alle Äcker, alle Gärten, das Vieh, die Ställe: Sie tobten, nahmen, was sie essen konnten, zerstörten, was für sie unbrauchbar war, und über den Marktplatz näherten sie sich der Schlosskirche. Melanchthon hat es mir geschrieben: Die Menschen, versteckt in ihren Häusern, hielten den Atem an. Es hieß, der schwarze Herzog, Alba der Schreckliche, sei in die Kirche gegangen. Seine Soldaten standen vor der Tür und warteten auf den Befehl einzudringen. Das Grab aufzubrechen, den kaum verwesten Leichnam zu schänden: Das war es, worauf sie hofften. Als könnte damit alles zuschanden werden, was der große Mann gedacht und getan hatte. Aber es kam anders, und als ich in Magdeburg die Kunde hörte, wollte ich es nicht glauben, sank auf die Knie und lobte Gott unter Tränen, denn er hatte sich zu seinem Knecht bekannt, hatte noch den, der im Grab lag, mit seinem Schutz umgeben. Nichts geschah! Mit dröhnenden Schritten verließ Alba die Kirche und versiegelte die Tür.

Die Truppen zogen ab. Wir kehrten zurück und fanden, dass die Mauern des Klosters noch standen. Die Mägde kamen aus den Dörfern, wo sie sich versteckt hatten, und wollten wieder bei mir arbeiten. Auch einige Studenten bezogen ihre alten Zimmer und warteten, dass neue Vorlesungen an der berühmten Wittenberger Universität beginnen würden. Aber es dauerte nicht lange, dann hieß es: ›Sie kommen zurück! Die Kaiserlichen kommen noch einmal!‹ Wären die Kinder nicht gewesen: Ich wäre geblieben!«

— »Was für ein Elend, Lutherin! Und doch hat Gott dich bewahrt.«

»Ja, aber wir flohen wenig später wiederum und kamen noch einmal zurück. Der Weg nach Dänemark war zu weit, zu viel Kriegsvolk unterwegs. Zu viel Not in den Häusern, als dass sie noch etwas hätten abgeben können. Wieder war alles durchwühlt, geplündert. Wieder versuchte ich neu anzufangen. Aber die Kraft reichte nicht mehr. Es blieb bei den notdürftigsten Reparaturen. Und wer wollte schon in dem zweimal verwüsteten Haus wohnen? Ich hatte kein Geld mehr, die Mägde zu bezahlen, nur unser alter Knecht blieb bei mir, aus Treue, nicht, weil ich es ihm bezahlen konnte. Und doch gelang es mir noch einmal, ein wenig Leben in die alten trutzigen Mauern zu bringen. Aber dann war es die Pest, die uns endgültig vertrieb …«

— Alle kennen sie: die Geißel, mit der Satan die Menschen schlug – und Gott ließ ihn gewähren. Was mit Kraft und Glauben aufgebaut wurde, fiel in sich zusammen. Die Kinder – in Liebe empfangen, in Verantwortung erzogen – wurden hinweggerafft wie Blumen auf dem Feld. Keine weiß davon so viel zu erzählen wie die stille Frau Wibrandis.

»Erzähle du von der Pest, Wibrandis!«, sagt die Zellin.

4

Wie die Pest das Land verheerte

»Ihr wisst es, Schwestern, der Tod war mir vertraut wie ein Bruder. Ich wusste, er kommt, wann er will, er klopft nicht an, er ist da und nimmt, wovon er meint, es sei sein Recht. Nur meine Mutter und mich hat er über lange Zeit verschont. An uns ging er vorbei, auch wenn wir sterbensmüde waren. Manches Mal habe ich ihn gefragt: Warum nimmst du nicht mich? Aber er tat, als hörte er nicht.

Zwei Jahre lebte ich als eine glückliche junge Frau – doch mein Cellarius starb, mein kluger Ehemann, und mit Wibrandis, unserer Tochter, blieb ich zurück. Da kam der Pfarrer Oekolampad, zweiundzwanzig Jahre älter als ich und auch schon recht gebrechlich. Sie haben viel hinter unserm Rücken gelästert, als er mich zur Frau nahm. Bis dahin hatte Oekolampad bei seiner Mutter gewohnt, die ihn versorgte, sodass er sich ganz und gar seinen Studien widmen konnte. Nun war sie gestorben, ließ den Vater Oekolampads als hilflosen Greis zurück, und der Sohn saß über seinen Büchern und wusste nicht, was er essen sollte, konnte Erbsen und Linsen nicht unterscheiden und vergaß, seine Kleider zu wechseln. Mit der Betreuung und Pflege des alten Vaters war er gänzlich überfordert. Wie sollte eine Haushälterin das alles bewältigen? Und so rieten die Freunde dem Pfarrer dringend zu heiraten.

Ich war noch jung und hatte Kraft. Es hieß, ich sei schön. Und ich wusste, wie es ist, mit einem Mann verheiratet zu sein, der griechisch denkt und lateinisch spricht. So fiel es mir nicht schwer, mich auf seine Eigenheiten einzulassen. Meine kleine Tochter hatte damit eine neue Heimat gefunden, ebenso wie meine Mutter. Die war zwar noch rüstig, aber sie setzte sich gern einmal neben den alten Vater ans Fenster, und dann sprachen sie von vergangenen Zeiten.

Ich brachte Leben ins Haus. Es dauerte nicht lange, da hielt der Pfarrer Oekolampad mit staunender Freude seine Kinder im Arm. Das Wunder des neuen Lebens spornte ihn in seiner Arbeit an. Die vielen Gäste, die Unruhe, der Lärm – das alles war er nicht gewohnt, doch er ertrug es geduldig. So hat er in unserer Stadt Basel segensreich für die Reformation gewirkt, ja, zusammen mit deinem lieben Mann, Anna, den Gang der Gespräche über das Abendmahl mit bestimmt. Aber nach nur drei Jahren war seine Kraft verbraucht. Im selben Unglücksjahr, in dem Zwingli in Kappel fiel, starb Oekolampad, und ich war mit vier Kindern und meiner Mutter allein. ›Es ist nicht gut, dass der Mensch allein sei …‹ steht im ersten Buch Mose, und der gute Doktor Martin Luther hielt alle Geistlichen an, es ihm gleich zu tun und eine Frau zu nehmen. Aber was, wenn dem Mann die Frau, der Frau ihr Mann starb?

Unsere Freunde suchten Rat – einen Ernährer für mich und meine Kinder und gleichzeitig eine verständnisvolle Ehefrau für den Pfarrer Capito in Straßburg, dem die Frau gestorben war. Zellin, du kennst den Capito, ein kluger, aber ein schwieriger Mann. Viele Gespräche gab es bei euch in Straßburg und bei uns in Basel: Ob er denn wohl …? Ob ich denn wohl …? Denn das wisst ihr: Gezwungen haben uns die evangelischen Freunde nicht. Sie wussten auch: Dieser Ehemann war sechsundzwanzig Jahre älter als ich. Es graute ihm vor der großen Familie, die ich mitbrachte. Und ich musste meine Heimat verlassen, mein liebes Basel. Doch hatte ich die Wahl, mittellos und für vier Kinder verantwortlich? Man hat mich gewarnt. Und Capito hatte zuerst eine andere Frau im Sinn. Aber es war Gottes Wille. So zog ich mit meinen Kindern und meiner immer noch rüstigen Mutter nach Straßburg und fand dort Frauen voller Kraft und Eifer für das Evangelium, wie dich, Zellin, die uns mit großer Herzlichkeit aufnahmen. Das war ein fröhliches Kommen und Gehen zwischen unseren Häusern, denen des Pfarrers Zell, des Pfarrers Capito und des Pfarrers Bucer.

Wir hatten eine gute Zeit miteinander, mochte Capito auch schwierig sein: Unser Haus war voller Leben und Lachen. Oft, liebe Zellin, hast du mir im Verborgenen geklagt, dass Gott dir deine beiden kleinen Kinder genommen hat. Bei uns erlebtest du mit, welche Freude das war, wenn sie miteinander spielten und sangen, manchmal tobten und manchmal andächtig beteten. Aber auch wir mussten ein Kind gehen lassen, die kleine Irene, Oekolampads jüngste Tochter, geboren, kurz bevor Oekolampad starb. Sie war ein fröhliches kleines Mädchen und wir hörten oft ihre Stimme durchs ganze Haus rufen. Dann kam im Winter das Fieber und sie hustete Tag und Nacht. Immer schwächer und stiller wurde sie, ihre Hände lagen auf der Decke wie zwei herabgefallene Blütenblätter und rührten sich nicht mehr. Wir legten sie in die Erde, und die anderen Kinder standen in weißen Kleidern um ihr Grab.

›Ist Irene nun ein Engel?‹, fragte Eusebius, der älteste Junge.

›Ja‹, sagte ich, ›sie ist nun ein Engel und steht vor Gottes Thron. Da darf sie beten und singen mit all den andern Engeln, und der Herr Jesus sieht sie liebevoll an.‹

›Dann ist es ja gar nicht schlimm zu sterben.‹

›Nein, Eusebius, es ist nicht schlimm für den, der stirbt, aber die, die zurückbleiben, sind sehr traurig wie wir auch. Denn wir haben Irene lieb gehabt.‹

Die Kinder durften im Haus nie laut sein, das vertrug Capito nicht. Er hatte auch manche Eigenart, stand, wenn ihn die Schwermut drückte, erst am späten Vormittag auf und ging klagend durchs Zimmer, dass ihn niemand schlafen lasse. Er arbeitete an seinen Predigten bis in die Nacht und zerriss am Morgen die vollgeschriebenen Blätter. Du hast mir geholfen, Zellin, und die Kinder zu dir geholt, wenn er in seiner Trübsal versank und ich sie nicht ruhig halten konnte. Oder wenn ich in den Wehen lag und die Hebammen halfen, ein neues Kind auf die Welt zu holen, damit es die Liebe Christi und die Gnade des himmlischen

Vaters erfahre und weitergebe. In mancher schweren Geburtsstunde hast du mir beigestanden, und wir haben gemeinsam gedankt und Gott gelobt für das neue Leben. Fünfmal war ich schwanger, fünf gesunde Kinder wurden uns geschenkt. Und so waren es sieben Kleine, die bei uns am Tisch saßen zusammen mit meiner Mutter, Wibrandis, meiner großen Tochter, und den vielen Gästen, die aus und ein gingen.

Nur an Geld fehlte es uns, sodass ich mich oft in großer Sorge zu Bett legte und am Morgen früh wach lag und den Herrn bat, uns zu helfen. Capito hatte in früheren Jahren für einen Betrüger eine Bürgschaft übernommen. Es fehlte ihm an Menschenkenntnis und Vorsicht. Die inständigen Beteuerungen eines Mannes, der ein neues Leben anfangen wollte, überzeugten ihn, etwas Gottgewolltes zu tun. Das brachte uns in Not, denn der Mann verschwand aus der Stadt, und was er sich geliehen hatte, musste Capito zurückzahlen. Das heißt, eigentlich musste ich es zurückzahlen, denn es blieb kaum genug, um uns alle satt zu bekommen – und auch noch die Hilfsbedürftigen, die an unsere Tür klopften. Capito rechnete nie und verstand nicht, warum es bei uns so selten ein Stück Braten und so oft nur Haferbrei gab.

Trotz allem, Schwestern, war es ein gutes Leben, bis die Pest in Straßburg einbrach. Erst war es nur ein Gerücht aus den Häusern der Armen: Man habe Tote mit schwarzen Beulen zu Grabe getragen.

Dann stand eine Frau aus der Gemeinde weinend vor unserer Tür. Es war Abend, die Kinder schliefen schon, und Capito öffnete und ließ sie herein: ›Mein Kind stirbt, Herr Pfarrer, mein Mann liegt im Fieber …‹

Capito ging. Was sollte er tun? Wir konnten doch Sterbenden nicht den Beistand verweigern. Ich lag wach, als er spät in der Nacht zurückkam. Bleich und erschöpft lehnte er an der Tür. Und die Tür war noch einen Spalt offen. ›Ich werde besser fortgehen.‹

›Aber wohin, wohin willst du gehen? Sie ist überall.‹

Er sah mich an und begann zu weinen. ›Wir werden alle sterben.‹

›Wir sind in Gottes Hand‹, sagte ich und führte den zitternden Mann in die Küche. Die Tür fiel zu, und ich wusste: Sie ist jetzt bei uns.«

— »Hast du nicht daran gedacht zu fliehen?«

»Wohin hätte ich fliehen können, Lutherin? Irene – wir hatten Capitos dritte Tochter nach unserer verstorbenen kleinen Irene genannt – war erst ein halbes Jahr alt. Meine große Tochter Wibrandis bereitete sich auf ihre Hochzeit vor, ich schickte sie aus dem Haus. Und dann waren da noch die anderen fünf Kinder: Eusebius war 13, seine Schwester ein Jahr jünger, die Mädchen von Capito acht und fünf, die beiden kleinen Jungen zwei und vier Jahre alt. Und meine Mutter lebte bei uns, kümmerte sich wohl um die Kleinen, aber war doch inzwischen auch viel zu alt und schwach, um fortzugehen. In Bucers Haus gab es fünf Kinder, und auch sie blieben alle, denn unsere Männer gingen zu den Kranken und beteten mit ihnen.«

— Erschöpft hält Wibrandis inne.

Die Lutherin bricht nach einiger Zeit das Schweigen:

»Als die Pest zum ersten Mal nach Wittenberg kam, sind wir auch geblieben. An dem Abend, an dem im Schwarzen Kloster die alte Magd Therese starb, habe ich meinen Herrn Doktor gefragt: ›Ist es Sünde, vor der Pest zu fliehen?‹

Er ging in sein Arbeitszimmer, während wir unten die Stuben der Mägde ausräucherten und Therese hinübergetragen wurde zum Friedhof. Nach einigen Stunden kam er die Treppen hinunter und sagte: ›Nein, es ist keine Sünde. Wenn du um der Kinder willen die Stadt verlassen willst …‹

Da hab ich geschrien: ›Nie und nimmer gehe ich ohne Euch!‹ Und so blieben wir.

Ein paar Tage später bekam unser kleiner Hans Fieber und weinte die ganze Nacht. Ich saß bei ihm, hielt ihn auf dem Schoß und spürte, wie sich mein zweites Kind, die kleine Elisabeth, in mir regte.

Da knarrte auf einmal die Tür und meine Tante Lene kam herein, stand im weißen Hemd an Hänschens Bett und seufzte nur: ›Ach, Käthe!‹ Es war damals gerade erst ein paar Monate her, dass der gute Leonard Koppe sie aus dem Kloster zu uns gebracht hatte. In dieser kalten Nacht erschien sie mir wie ein Engel. Ich begann zu weinen. Sie nahm mir das Kind aus dem Arm und wiegte es, leise singend. ›Geh schlafen, Käthe‹, sagte sie.

›Ich habe Angst.‹

›Es sind die Zähne, Käthe. Es ist nicht die Pest. Es sind ganz bestimmt die Zähne.‹

Als hätte er es gehört, schrie Hans noch kräftiger und presste die kleine Faust in den Mund. Da stand Tante Lene auf und ging mit ihm durch die Kammer auf und ab, auf und ab. Langsam beruhigte er sich, und ich spürte plötzlich, wie müde ich war. So ging ich, legte mich neben Luther, der laut schnarchte, und schlief sofort ein.

Am Morgen kam ein Bote: Der Doktor Augustin, der die Kranken besuchte und pflegte, würde uns seine Frau bringen ...

Unser Haus wurde in den Bann getan. Auf dem Markt erregten sich die Frauen, dass wir Kranke aufgenommen hätten, die uns den Tod bringen würden. Ich ging, schwer atmend unter der Last des Ungeborenen, an ihnen vorbei, sprach mit niemandem, holte aus unserm Garten, was noch möglich war, gab den Kindern Milch und Äpfel – und wartete. Nach ein paar Tagen spielte Hänschen wieder und zerriss unterm Schreibtisch des Vaters Papiere. Und Anfang Dezember kam Elisabeth zur Welt. Gott hat uns verschont – damals.

Aber als mein Herr Doktor gestorben war und nur noch Paul und Maruschel bei mir lebten, da hatte ich kein Vertrauen mehr, zumal die ganze Universität nach Torgau aufgebrochen war und die Professoren dort ihre Vorlesungen hielten, an denen auch unser Martin teilnahm. Ich ließ die Pferde anspannen, wir packten, was wir noch besaßen – viel war es ja nicht mehr –, und ein paar Studenten saßen mit auf. Ich war schon alt, ja, aber ich meinte, die Zügel könnte ich schon noch besser halten als Paul oder der alte Urban. Ich war es ja gewohnt, nachdem wir zweimal vor dem Krieg geflohen waren. Doch die Straßen waren aufgeweicht, wir kamen kaum voran, die Pferde scheuten und ich konnte sie nicht mehr halten. Ich stürzte vom Kutschbock und rutschte in den Wassergraben am Rande der Straße. Alle schrien durcheinander, sie wollten mich herausziehen und mir auf die Beine helfen, aber ein rasender Schmerz machte mich fast bewusstlos. So zerrten sie mich mit Mühe aus dem Wasser, lagerten mich auf der Erde und hoben mich dann, so behutsam es ging, auf den Wagen. Nun musste doch der alte Urban die Pferde lenken. Bei jedem Stein, über den die Räder fuhren, schrie ich vor Schmerz.

Endlich, endlich erreichten wir Torgau. Sie trugen mich in eine Stube auf ebener Erde nicht weit vom Schloss und holten den Arzt des Kurfürsten herüber. Aber was sollte er tun? Meine Knochen waren gebrochen. Die Schmerzen quälten mich Tag und Nacht. In meiner Not schrie ich zu Gott: ›Verzeih, dass ich fliehen wollte!‹ Die Freunde, die dann kamen, um mich zu trösten, sprachen mir gut zu, dass es wohl Gottes Wille sei, aber nicht eine Strafe, denn ich hätte doch nichts Unrechtes getan und meine Kinder am Ende in Sicherheit gebracht.

So ist es mir ergangen. Zwei Monate habe ich gelitten, bis unser Vater mich erlöste und in sein Reich aufnahm. Aber die Kinder lebten.«

— Wibrandis seufzt. Es fällt ihr schwer, weiterzuerzählen.

»Ich musste einen anderen Weg gehen. Als das Sterben begann, bat ich Gott, er möge mich bis zum Schluss aufsparen, damit ich den andern beistehen könnte. Er hat mich erhört, anders, als ich es meinte … Aber so konnte ich wenigstens bei ihnen sitzen, ihre Stirne kühlen, ihnen Wasser einflößen, sie waschen oder wärmen und mit ihnen beten. Eusebius warf es zuerst nieder, aber da wusste ich: Nun würde der Tod durch alle Stuben gehen. Ich bekenne euch, Schwestern, wie ich es auch Gott bekannt habe: An seine Liebe habe ich nicht mehr glauben können. Es hat mir das Herz zerrissen, ihr Leiden anzusehen. Die tief eingefallenen Augen, die verzerrten kleinen Gesichter, das Weinen, die Schmerzen: ›Muss ich denn sterben, Mutter? Warum?‹ Ja, warum? Meine Kinder! Unter so viel Schmerzen zur Welt gebracht, aus Gottes Hand dankbar empfangen, gestreichelt und gesäugt. Sie hatten doch jeden Abend im einfältig-frommen Gebet ihre kleinen Sünden bekannt. Und es war keines unter ihnen, das nicht gehorsam und fromm war, selbst wenn es manchmal Geschrei und Zank gab: Sie hatten einander lieb und passten aufeinander auf. Als dann Eusebius so elend lag und niemand außer mir zu ihm durfte, da sah ich die Angst und das Entsetzen in den Augen der Mädchen. Und schon bevor wir Eusebius aus dem Haus trugen, erkannte ich die Male der Krankheit in dem Gesicht der kleinen Dorothea. Erbärmlich hat sie geweint und ich lief von einer Kammer in die andere, um zu trösten. Wibrandis schickte ich aus dem Haus, sie sollte Hochzeit feiern und nicht sterben. Meine Mutter lief klagend hinter mir her. Ich bat sie, an die Betten der Kinder zu gehen, denn als wir Eusebius begraben hatten, lag auch Wolfgang im Fieber.

Nächtelang habe ich kein Auge zugetan. Und als der

kleine Wolfgang seinen letzten Atemzug getan hatte, stand Capito vor mir, bleich – und ich wusste: auch er!

Damals, Zellin, habe ich dich fast beneidet, dass du keine Kinder hattest. Es bereitet Schmerzen, sie auf die Welt zu bringen, aber es bereitet noch viel mehr Schmerzen, sie dem grausamen Tod zu überlassen, der die schönsten Blumen tötet. Wie viel Lachen, wie viel Freude, wie viel fröhliches Gottvertrauen ist mit den Kindern gestorben! Du kamst, Zellin, und hast mit mir geweint und hast geholfen, wo einer helfen konnte, und du brachtest Nachricht von draußen: Bei Bucers sind vier Kinder gestorben! Und unsere treue Freundin, Bucers Elisabeth, hatte doch schon vorher Kinder loslassen müssen, die im zarten Alter starben. Da blieb nur einer übrig, mich fasste ein Schauer, als ich es hörte: Nathanael, ein schmächtiger Junge, der nichts behielt, kaum der Sprache mächtig war. Auch meine alte Mutter blieb unangetastet – und ich. Wollte der Tod nur die Schönen, Gesunden haben? Was für ein böser Gedanke! Aber in jenen Nächten haderte ich mit meinem Vater im Himmel.

Dann stand ich an Capitos Sterbebett. Er streckte in seiner Qual die Hand nach mir aus und drückte meine mit seiner letzten Kraft. Etwas von Gottes unerforschlichem Willen brachte er über die Lippen und einen Dank. Sein Todeskampf war kurz, die Kraft schon schwach. Und ich saß an seinem Lager und hörte, wie es in mir sprach: ›Der nehme sein Kreuz auf sich und folge mir nach.‹ ›Ja‹, antwortete ich, ›ja, mein Herr Jesus, aber du musst mitgehen, sonst kann ich nicht.‹ Ich war das dritte Mal Witwe.«

— Die Zellin streicht sanft ihre Hand und fügt hinzu: »Am nächsten Tag bin ich zu euch gekommen und habe dir gesagt, was im Hause Martin Bucers geschehen war. Elisabeth bereitete sich darauf vor, ihren Kindern zu folgen, ihre Kraft war gebrochen, aber noch nicht ihre Liebe. Als sie hörte, dass Capito gestorben war, beschwor sie ihren Mann, dich zu heiraten, damit deine Kinder versorgt seien, Nathanael eine Mutter habe und er selbst eine Gefährtin. Der treue Mann konnte sich damit nicht abfinden und hoffte immer noch auf ein Wunder. Elisabeth flehte mich an, dich zu holen.«

»Ich hatte meinem Mann kaum das Sterbehemd angezogen, da sollte ich über eine neue Heirat nachdenken! Ich wehrte mich ebenso wie Bucer dagegen. Aber der treuen Freundin konnte ich nichts abschlagen. So schlich ich mich in der Dunkelheit hinaus und trat wieder an ein Sterbebett. Die Welt kam mir vor wie ein Friedhof, von den grellen Blitzen der Hölle erleuchtet. Mit Bucer stand ich vor der Schwerkranken und sie beschwor uns, sie könne nicht in Frieden sterben, wenn wir nicht zusagten. Und so geschah es. Wir sahen einander nicht an, Martin Bucer und ich, wir sahen nur auf unsere geliebte Tote, die sich mit einem Lächeln verabschiedet hatte.

Lange Zeit später beichtete ich meinem Mann, dass ich nicht bereit gewesen war, mich in Gottes Willen zu fügen.

Und Bucer, dieser hochgelehrte Theologe und Reformator, den sie in ganz Europa priesen und später nach England holten, um die neue Kirche aufzubauen – Martin Bucer nahm meine Hand und sah mich fest an: ›Liebe, teure Frau‹, sagte er, ›nicht nur du, auch ich habe in jenen Tagen meinen Gott verklagen wollen, wie es der Heilige Hiob tat. Auch ich habe gehadert und in meinem Herzen geschrien: Wenn du mir auch die Kinder nimmst, mein Herr, so lass mir die Gefährtin, lass sie nicht sterben, ich kann nicht ohne sie sein. Bis zuletzt wartete ich auf ein Wunder, aber es kam nicht. Stattdessen hat die treue Seele dich rufen lassen. Und so hat Gott mich dennoch erhört.‹ Wir weinten miteinander, Bucer und ich, und fühlten uns als Mann und Frau tief verbunden in unserem Zweifel, in unserer Not.

Gott schenkte uns noch zwei Kinder und nahm uns den kleinen Martin, bevor er laufen konnte. So waren es nach zwei Jahren Ehe wieder fünf in unserm Haus: Oekolampads Tochter Aletheia, Capitos Agnes und sein Sohn Johannes Simon, der Knabe Nathanael, der so sehr um seine Mutter weinte, und unsere kleine Elisabeth, Bucers Freude und Sonnenschein.

Meine Nichte Margarethe stand dann eines Tages vor der Tür, ihr Bündel unterm Arm. Ihre Eltern waren gestorben, sie war allein zurückgeblieben. Bucers Vater und seine zweite Frau suchten bei uns Zuflucht, und meine Mutter saß oft zusammen mit Nathanael am Ofen und klagte über die Not der Zeit …«

— Idelette rührt sich, die stille, zarte Frau Calvins, die bisher nur zugehört hat, oft den Tränen nahe. Leise, sehr leise beginnt sie zu sprechen: »Und doch, Schwestern, wenn ich anhöre, wie ihr gelebt und gelitten habt in den Zeiten des Krieges und der Pest, dann wird doch in allem der Segen sichtbar, den Gott auf euer Tun legte. Ihr habt die Kranken gepflegt und getröstet, die großen Männer begleitet und gestärkt, die in der Christenheit das Evangelium neu verkündet haben, wie auch mein Eheherr. Immer wart ihr geführt, und es gab keinen Zweifel, dass es Gottes Wege waren. Aber ich … Verzeiht mir, wenn ich von einer furchtbaren Versuchung rede, in der meine Seele Kraft und Freude verloren hat.«

Alle wenden sich ihr zu.

Da beginnt sie zögernd:

»Die Pest kam auch nach Genf. Und die Menschen verstanden nicht, woher sie kam. Wie sollten sie auch? In diesem Haus starben die Kinder, in jenem Haus starb die Mutter. Der Prediger Blanchet ging zu den Kranken und stand ihnen bei. Er starb. Nun wäre es an Calvin gewesen, den Seelsorgedienst zu übernehmen. Ich erschrak in tiefstem Herzen. Aber ich wusste: Er würde entscheiden.

Nachts hörte ich ihn in seinem Zimmer auf und ab gehen, ruhelos. Am Morgen wurde er zur Ratsversammlung gerufen. Man verbot ihm, die Pestkranken zu besuchen. Ich war erleichtert, und auch er war ruhig geworden. Man sagte, sein Dienst in der Stadt sei so wichtig, dass es eine Sünde wäre, sein kostbares Leben aufs Spiel zu setzen.

Aber weil das Sterben nicht enden wollte, vielleicht auch weil niemand mehr den Kranken Trost zusprach, da wurde geflüstert, erzählt, wiederholt, neu erzählt, laut ausgesprochen und schließlich vor den Rat gebracht: Man habe Frauen gesehen, die nachts durch die Straßen zogen. Diese Frauen hätten die Klinken mancher Türen mit einer unsichtbaren Flüssigkeit bestrichen. Und hinter diesen Türen holte die Pest sich ihre Opfer.

Zuerst wollte niemand daran glauben, dann fassten sie eine Alte, die nachts unterwegs war. Sie soll einen Topf mit einer Flüssigkeit von sich geworfen haben. Niemand hat ihn gefunden. Immer öfter wurden Arme, Bettler, Landstreicher nachts in den Straßen aufgegriffen, festgehalten und ins Gefängnis geworfen. Bald war die ganze Stadt sicher, dass eine Bande von Hexen und Hexern die Pest nach Genf gebracht hatte, um das Gnadenwerk Gottes zu hindern. Man stieß die Unglücklichen in die Kerker unter dem Rathaus. Der Rat trat zusammen.

Viele schüttelten den Kopf über Aberglauben und Teufelsspuk, aber Calvin – Calvin! – stand auf und erklärte: ›So ist es!‹ Der Teufel sei aufgebrochen, um die neue Gemeinde, das Reich Gottes, an dem wir in Genf bauten, zu vernichten.

Andere forderten Beweise. Man folterte die Gefangenen – mit Daumenschrauben, auf der Streckbank, mit all den Instrumenten der angeblich gerechten Gerichte, die doch in Wahrheit Instrumente des Teufels sind! Ich habe nicht viel davon erfahren, denn ich lebte still in unserem Haus und kümmerte mich um die Küche, die Wäsche und den kleinen Garten. Selbst auf den Markt ging ich kaum und mochte auch nicht hören, was die Mägde erzählten.

Aber immer furchtbarer wurde, was mir dann doch durch Nachbarinnen oder Gäste zugetragen wurde. Die ersten der armen Frauen hatten unter lautem Geschrei gestanden, im Dienst des Teufels zu stehen. Wie hätten sie auch der Folter standhalten sollen! Und so fällte der Rat über alle das Todesurteil. Als einige der Ratsmitglieder noch Widerspruch laut werden ließen und davon sprachen, dass kein Geständnis unter der Folter tatsächlich beweiskräftig sei, da stand Calvin auf, drohte den Gegnern mit dem Fluch Gottes, mit dem Ausschluss aus der Gemeinde, rief ihnen das schreckliche Wort aus dem zweiten Buch Mose zu: ›Eine Hexe sollst du nicht am Leben lassen‹, und sprach davon, die Teufelsbrut auszurotten.

Als er von der Sitzung nach Hause kam, war er so erregt, dass er im Zimmer vor mir hin und her lief und seine eigenen Worte wiederholte.

›Sind es nicht Menschen?‹, fragte etwas in mir, aber ich wusste ja, dass er recht hatte, immer. Wie könnte ein so gewaltiger Mann Gottes irren? Judith, meine Tochter, verkroch sich vor Entsetzen in eine Ecke. Sie hat den Stiefvater gehasst, von Anfang an, und ich konnte es nicht ändern.

Und dann wurden die Todesurteile ausgeführt. Nicht, dass man sie mit dem Schwert gerichtet hätte, nein, sie wurden vor die Häuser gezerrt, in denen Menschen an der Pest gestorben waren. Dort wurden sie so zu Tode gebracht, dass ihre Schreie – Schreie, wie sie schlimmer nicht aus der Hölle kommen können – erst nach endloser Zeit langsam verhallten. Ich habe sie gehört! Nein, ich bin nicht hingegangen wie so viele andere, um zuzusehen und mich an ihrer Qual zu weiden, während man sie langsam mit feurigen Zangen zerriss. Aber ich konnte meine Ohren nicht verschließen. Die ganze Stadt war erfüllt von den Schreien der Unschuldigen – denn sie waren unschuldig! Ich wusste es nicht, doch ich fühlte es.

Auch Calvin hat es nicht gewusst.

Warum hat Gott es zugelassen, dass er sich so tief in seinen Gedanken verirrte? Warum? Warum? Nachts erschien mir der Teufel – und einmal, Schwestern, es war so schrecklich: Er hatte *sein* Gesicht. Seit diesen Tagen verstand ich meine Tochter.

In den Jahren, die dann noch kamen, ging ich ihm zur Hand wie vorher, sorgte für den Haushalt und betreute die Gäste, die kamen und gingen. Ich hörte seine langen Reden am Tisch, seine Ermahnungen an die Kinder, seinen Zorn über die Menschen, die auf Vergnügen aus waren statt auf die Seligkeit. Ich hörte zu, aber ich redete nur noch das Nötigste. Ich widersprach ihm nie. Vielleicht, Schwestern, hätte ich es tun sollen. Ich suchte nach Gründen, ihn zu entschuldigen. Aber was wusste ich? *Er* kannte die Bibel. *Er* war ein Gelehrter. Die Freunde sagten, dass er recht habe.

Mich jedoch quälte die Erinnerung an die Schrecken der Hölle, die ich in mir barg, Tag und Nacht. Oft konnte ich am Morgen nicht aufstehen. Ich schrie zu Gott, er möge mir helfen. Aber Gott half mir nicht, so wie er auch den Elenden nicht geholfen hatte, die so furchtbar zugrunde gingen. Erst als ich fühlte, dass der Todesengel an meinem Lager stand, löste sich meine Verzweiflung. Ich wollte gern sterben, um dem zu entkommen, was auf dieser Welt Menschen einander im Namen Gottes antun. Vor ihnen flüchtete ich mich zu meinem Erlöser, und *er* holte mich heim in die ewige Ruhe.«

— »Die Pest der Herzen …«, flüstert Elisabeth in die Stille hinein.

»Ich hätte mit Calvin nicht leben können«, mischt sich nach einer langen Pause endlich Katharina Melanchthon in das Gespräch ein und schüttelt heftig den Kopf. »Für mich gehörte fröhliche Geselligkeit bei einem guten Tropfen zum Christenleben dazu, und so haben mein Philipp und ich es auch gehalten. Am Ende sind wir gut miteinander ausgekommen. Doch es war nicht einfach am Anfang.«

»Wie habt ihr zueinandergefunden?«

5

Wie Mann und Frau sich aneinander gewöhnten

»Die Hochzeit mit Philipp war auch nicht gerade die Erfüllung meiner Wünsche, aber danach wurde in meiner Familie nicht gefragt. Meine Mutter war froh, dass sie mich unter die Haube kriegte. So ein liebendes Paar wie du, Elisabeth, und dein Caspar hat in Wittenberg nicht gelebt, solange ich mich erinnern kann. Wir alle staunten und freuten uns darüber, aber der Tod hat euch allzu schnell auseinandergerissen, als dürfe es so ein zartes Glück gar nicht geben.

Meine Hoffnung war ein Student aus adliger Familie, der im Haus meiner Mutter, der Witwe des Bürgermeisters, ein und aus ging. Ein schöner junger Mann, galant und klug …«

— »Wie mein Hieronymus Baumgärtner«, wirft die Lutherin ein.

»Wie mein Johannes von Knonau«, seufzt Anna Zwingli.

Und Wibrandis: »Wie mein Ludwig Cellarius.«

Idelette: »Wie mein Jean Stordeur.«

Sie alle lächeln in der Erinnerung an die Scham und das Glück der zaghaften Liebe, die sehnsüchtigen Träume des Nachts, die zärtlichen Worte und heimlichen Küsse.

Katharina Melanchthon fährt fort:

»Aber er verschwand, trat in den Dienst irgendeines Fürsten. Stattdessen sollte ich nun den gelehrten Schwaben heiraten, der von sich selber sagte, dass die Wissenschaft seine Braut sei! Ein schöner Mann war er auch nicht gerade, so klein, dass ich ihn überragte, wenn ich mich nur auf die Zehenspitzen stellte. Doch der Doktor Martin Luther wollte ihn unbedingt verheiraten. Ich glaube, er fürchtete um Melanchthons Leben, denn der aß nur selten, kümmerte sich nicht um den Zustand seiner Kleidung und erfror fast im Winter in seiner Bude.

Sein Famulus Johannes sollte Abhilfe schaffen, aber eine Frau, meinte Luther, sei doch noch besser. Da fiel die Wahl auf mich, ausgerechnet! Dabei war ich keineswegs eine besonders gute Hausfrau.

Noch jahrelang haben wir in dem erbärmlichen Holzhäuschen gewohnt, in dem der Professor sich eingerichtet hatte. Ich habe dort erst einmal aufgeräumt. Das gefiel Philipp gar nicht. Ständig suchte er die Papiere, die ihm während seiner nächtlichen Studien im dunklen Zimmer auf den Boden geglitten waren. Manche hatte ich in den Kamin geworfen.

Ich weiß, dass er verzweifelte Briefe schrieb: *Ich kann nicht sagen, was ich leide …* Er meinte, ich würde ihn *vollstopfen wie eine Wurst*, wenn ich mal eine anständige Mahlzeit auf den Tisch brachte. Dabei blieb er sein Leben lang mager. Aber ich wollte schließlich auch satt werden. An feste Essenszeiten konnte er sich nicht gewöhnen, denn wenn es von der Stadtkirche herüber zu Mittag läutete, dann fehlte ihm gerade zur Übersetzung noch ein ganz wichtiges Wort, und er musste suchen, denken, erproben, und die Suppe wurde kalt. Da aß ich allein. Es störte ihn nicht, im Gegenteil – bis ein paar Jahre später die Kinder mit am Tisch saßen. Das hat ihn verändert. Doch bis dahin war es ein weiter Weg.

Mein Bruder wurde, wie vorher mein Vater, Bürgermeister der schönen Stadt Wittenberg. Ich lud ihn hin und wieder zu uns ein, auch meine anderen Brüder, um in unserer Bruchbude ein wenig zu feiern. Fleisch und Brot ließ ich bringen, der Wein war eigentlich für uns zu teuer, aber ich ließ anschreiben – dem berühmten Professor, der die alten Sprachen beherrschte, während die Händler kaum richtig deutsch sprachen, schlug man das auch nicht ab. So saßen wir an Feiertagen beisammen und freuten uns, doch der Hausherr hatte keine Zeit, oft entschuldigte er sich mit heftigen Kopfschmerzen. Dann zog er sich in seine Kammer zurück, und ich fand ihn nachts am Schreibtisch über den Büchern eingeschlafen. Nur wenn ein Bettler an die Tür klopfte, ob bei Tag oder Nacht, bat er ihn herein, und am nächsten Morgen klimperte im Beutel keine Silbermünze mehr und ich wusste nicht, wie ich meine Schulden bezahlen sollte. Wenn ich jammerte, dass ich nichts mehr zum Essen kaufen könne, dann lachte er nur und meinte, *ich* würde das Geld verschwenden. Nur wegen der paar Gläser Wein!

Es dauerte einige Zeit, ehe mein Philipp entdeckte, dass es ein Unterschied ist, ob man eine Frau oder ein kluges Buch in seinem Bett hat. Zuerst beklagte er sich nur, er wolle nachts zum Beten aufstehen und nun müsse er auf mich Rücksicht nehmen. Er legte sich lange nach mir hin und stand früh auf, ich war – anders als du, Lutherin – kein ›Morgenstern‹, sondern eher eine ›Nachteule‹, Philipp schien keinen Schlaf zu brauchen. Erst als es im Winter kalt wurde, spürte er plötzlich meine Wärme und wir rückten enger zusammen. Endlich in einer Nacht gestand er mir, dass er nun den Satz verstehe: ›Sie sollen ein Fleisch sein.‹ Da war dann das Ehebett nicht mehr nur der Ort für den leider notwendigen Schlaf, der den Gelehrten von seiner Arbeit abhielt, sondern ein Liebesnest. Und endlich, fast zwei Jahre nach unserer Hochzeit, kam unsere kleine Anna zur Welt.«

— Die Lutherin lacht dazu. Und die anderen wollen nun ihre Geschichte hören.

»Der Herr Doktor hat auch nicht gemerkt, dass sein Stroh zur Hälfte verfault war, als er allein im alten, dunklen Kloster lebte. Und wie das Betttuch aussah, das darüber lag, will ich gar nicht beschreiben. Dann begann eines Tages die Diskussion, ob nicht vielleicht auch der Doktor Martin

Luther heiraten sollte. Bei seinen Mitarbeitern drängte er auf eine Eheschließung und lebte doch selbst verlassen in dem leeren ehemaligen Kloster der Augustiner. Sein Diener Wolf schlurfte durch die kalten Räume und stellte ihm gelegentlich mal etwas zu essen auf den Tisch.

Wir heirateten heimlich. Martinus meinte, wenn man von seiner Absicht erführe, würde ihm jeder seiner Freunde – oder auch die Feinde! – eine andere Frau vorschlagen, und eine würde ihm doch reichen. Recht hatte er, denn als unser Nachbar Philipp davon erfuhr, war er entsetzt, nicht wahr, Katharina? Er hatte wohl noch nicht lange genug in der Ehe mit dir gelebt, um zu wissen, wie gut es für einen Mann ist, verheiratet zu sein. Oder mochte er mich nicht? Viele haben mich, so wie du, Nachbarin, für hochmütig gehalten. In Wittenberg musste eine geboren sein, dann durfte sie stolz einhergehen. Aber als entlaufene Nonne …

Es war wohl nur Erasmus, der vermutete, ich hätte Luther durch meine Schönheit verführt. Der gute Mann hat mich nie gesehen und ich weiß genau, dass es schönere Frauen gab als mich. Nein, das war es nicht. Mein Herr Doktor stellte eine ganz einfache Überlegung an: ›Ich werde bald umgebracht werden‹, sagte er sich, als er erkannte, welchen Aufruhr seine Thesen erzeugt hatten. ›Entweder erschlagen mich die Bauern oder der Papst lässt mich auf dem Scheiterhaufen verbrennen wie den armen Hus.‹ Nun wollte er wenigstens den eingeschlagenen Weg bis ans Ende gehen. Dazu fehlte noch der Schritt, den er allen anderen dringend empfohlen hatte: zu heiraten. Er wusste, dass er seinem Vater damit einen großen Gefallen tun würde, und bisher hatte er doch alle Erwartungen des braven alten Mannes enttäuscht. Außerdem tat ich ihm leid, weil ich keinen Mann gefunden hatte. Er fühlte sich für mich verantwortlich und erinnerte sich an seine silbernen Becher, die sein ganzes Vermögen darstellten. Damit hätte ich als junge Witwe etwas anfangen können, vielleicht sogar einen Mann finden …

Der Maler Lukas Cranach und seine Frau waren dabei, als wir die Ehe eingingen, denn denen konnte ich nichts verheimlichen. Auch Justus Jonas war Zeuge, und der Pfarrer Bugenhagen sprach uns in dem alten muffigen Gemäuer des Schwarzen Klosters den Segen Gottes zu und legte, selbst tief bewegt, unsere Hände ineinander. Ja, da war auf einmal eine Hand, groß und kräftig und warm, die sich um meine schloss. Und wir legten uns vor den Zeugen auf das Lager, standen wieder auf und waren nun ein Paar, für immer aneinander gebunden. Frau Barbara Cranach war sehr zufrieden und beschenkte mich reich mit Leinen, Meister Cranach flüsterte mir ins Ohr, ich solle nun den Herrn Doktor die Freuden der Ehe lehren, und alle gingen fröhlich hinaus in die laue Juninacht.

Plötzlich und unversehens habe Gott ihn gefangen *mit dem ewigen Bande der heiligen Ehe*, so schrieb Luther ein paar Tage später – dann auf wunderbare Weise schon wieder ganz dem Leben zugewandt – an Leonard Koppe, unseren treuen Freund und Kaufmann. Er bestellte in meinem Namen ein ganzes Fass Bier aus Torgau, und zwar das beste, für die Hochzeitsfeier, die nach dem öffentlichen Kirchgang stattfand. Und da staunten nicht nur die Wittenberger, die dicht gedrängt vor der Tür standen, da trat ich auch den alten Eltern gegenüber. Die Mutter schien mir unendlich müde, zusammengekrümmt unter der Last der Jahre. Kaum hob sie den Blick, um mich anzusehen. Aber die Augen des alten Mannes blitzten in seinem zerknitterten Gesicht, als ich vor ihm stand.

Für den armen Wolf begann nun ein anderes Leben. Es war Sommer, ich riss von morgens bis abends alle Fenster auf und schleppte das Wenige, was an Handtüchern und Betttüchern da war, an die frische Luft. Er musste fegen, die Rattennester beseitigen, und ich suchte zusammen, was an Töpfen und Tellern noch aus der Klosterzeit vorhanden war. Mein Martinus saß inmitten des Durcheinanders und verstand die Welt nicht mehr. So schnell er konnte, zog er sich in sein Arbeitszimmer im Turm zurück. Aber abends legte er sich mit größtem Wohlbehagen in das saubere Bett, und als ich eines Morgens aufwachte, saß er neben mir, wischte sich den Schlaf aus den Augen und bewunderte meinen blonden Zopf. Ganz sorgfältig strich er darüber und spielte damit. So begann es – und am Ende hat er unter seine Briefe geschrieben: *dein altes Liebchen*. Auch nicht für ein Königreich hätten wir einander hergegeben. Als er starb, meinte ich, die Welt müsste untergehen.

Da war dein Philipp, liebe Nachbarin, schon lange mein bester Freund und Unterstützer geworden. Mit ihm konnte ich reden, wenn mein Martinus in seinen letzten Jahren einmal wieder maßlos wurde in seinem Zorn gegen den Unverstand der Welt. Philipp stand zu mir in der Zeit nach Luthers Tod. So hat er seine Meinung geändert – über die Ehe und über mich.«

— »Nur wir beide, Lutherin, wurden nie Freundinnen«, gesteht Katharina Melanchthon. »Du warst für viele ein Vorbild: dein Fleiß, deine Sparsamkeit. Du warst Gärtnerin, du hast ein Landgut bewirtschaftet, Kühe und Schweine gehalten, Fische gefangen – und das alles habe ich nie gelernt. Mit der Zeit hast du dir von deinem Mann den größten Viehbestand und einen erstaunlichen Grundbesitz in Wittenberg erbettelt.«

»Nein, nicht erbettelt. Ich habe nur manchmal geweint, weil ich nicht mehr wusste, wie ich zehn und mehr Kinder, eigene und verwaiste, die vielen Studenten, die in den Kammern wohnten, und dann noch großartige Gäste, Gelehrte aus aller Welt und eine entflohene Kurfürstin satt bekommen sollte. Hätte ich alles auf dem Markt gekauft, hätten sie mit einer einfachen Suppe vorliebnehmen müssen. Und wie sollte ich Karpfen zubereiten ohne Teich? Natürlich ging es auch darum, das Badezimmer einzurichten. Die Abneigung der Kinder und – unter uns gesagt – auch der Männer, sich zu waschen, war groß, vor allem im Winter. Ich hatte im Kloster bei der Siechenmeisterin gelernt, wie wichtig Sauberkeit ist, gerade wenn in einem Haus viele Menschen eng beieinander wohnen. Sie stecken sich sonst zu leicht mit allerlei Krankheiten an.«

»Da magst du recht haben, Nachbarin, und ich habe dich auch nicht um die viele Arbeit beneidet – in den Gärten und im Stall. Mir reichten schon drei Ziegen! Deren Milch brauchte ich auch dringend. Eigentlich sollte jede Familie in Wittenberg nur eine Ziege halten, weil sonst das Gemecker und der Kot überhandgenommen hätten. Aber das wenigstens konnte ich durchsetzen: Es grasten drei zwischen unserem Haus und der Stadtmauer, wo sie niemanden störten.

Ich gehörte in die Stadt, wo mein Vater Bürgermeister war, du kamst vom Land. Ich hatte in meiner Jugend viel Spiel und Spaß erlebt, du lerntest Selbstbeherrschung im Kloster. Und ich war zuerst da! Drei Jahre, bevor du aus dem Kloster geflohen bist, war ich schon die Frau des gelehrten Philipp Melanchthon. Dein Adel, dein Selbstbewusstsein – das hat mich geärgert, ich bekenne es, Lutherin!«

»So wie ich mich über die Verschwendung im Hause Melanchthon ärgerte. Oft habe ich mit dem Herrn Doktor darüber diskutiert. Feiern ist gut, aber nicht, wenn man dafür Schulden macht. Und was die Bettler anbetrifft, so war mein Martinus nicht weniger großzügig, doch ich habe besser aufgepasst. Und so sind wir zu bescheidenem Wohlstand gekommen. Ich war nicht geizig, wie du oft gesagt hast, aber wenn ein Bote vom verhassten Erzbischof kommt, dem Albrecht von Mainz, und er bringt dem Ehepaar Luther zur Hochzeit ein Geschenk von 20 Gulden – warum soll ich das Geld zurückschicken, wenn mein Ehemann nichts im Hause hat als ein paar silberne Becher? Natürlich: Luther wollte das Geld nicht annehmen, Melanchthon hätte das auch nicht getan. Und wenn es nach dem Herrn Doktor gegangen wäre, dann hätten die Studenten alle umsonst bei uns gewohnt und am Tisch gegessen, wo es nicht nur gute Suppe, sondern auch noch hochgelehrte Gespräche gab. Wenn einer meckerte – und das kam häufig vor, sie waren ja alle arme Schlucker –, dann sagte ich, sie könnten woanders billiger wohnen, aber mit dem Herrn Doktor zu Tisch sitzen, das könnten sie nur im

Schwarzen Kloster. Da haben sie geschluckt. Und meine Küche war gut! Darüber gab es keine Klagen. Auch Martinus war zufrieden, er meinte nur, ich dürfte doch nicht so viel Geld verlangen. Unsere Männer wussten ja nie, wie viel der Wein kostete, den sie gern auf dem Tisch hatten.«

Da nicken und lachen die Frauen. Keine von ihnen ist reich geworden. Melanchthon klagte nach vier Jahren Ehe, er habe seiner Frau noch kein neues Kleid kaufen können. Und erst 16 Jahre später bekamen Katharina und Philipp vom Kurfürsten ein festes und geräumiges Haus anstelle der alten Bude, weil Melanchthon sonst an eine andere Universität gegangen wäre.

Nur die Frau Argula kann nicht so recht von Herzen mit ihnen lachen. »Ihr lieben Schwestern«, sagt sie, »ihr wart verheiratet mit den Männern, die uns die gute Botschaft gebracht haben. Ihr hörtet sie reden von der Bibel, ihr hörtet sie auch streiten über manches, was die Menschen seit langer Zeit bewegt: Wie bestehen wir vor dem Gericht Gottes? Welchen Wert haben die guten Werke? Was bedeutet die Taufe, was bedeutet das Abendmahl? Ich beneide euch um die Stunden, die ihr am Tisch gesessen habt und zuhören konntet. Was für große Worte wurden da geredet, und jeder sagte, was er für richtig hielt. Da hat keiner dem anderen etwas nachgeplappert oder unendlich oft wiederholt, was schon die Kirchenväter sagten, zum Beispiel über die Dummheit der Frauen, dass sie keinen Glauben hätten und deshalb FEMINA genannt wurden: FIDES MINUS. Ich habe nicht im Kloster Latein gelernt, aber das hat mir ein alter Priester erklärt, der mich davon abbringen wollte, selbst die Bibel zu lesen. Ich müsse meinen Dienst im Haus verrichten und alle theologischen Überlegungen allein den klugen Männern überlassen – von denen es in meinem Hause leider keine gab. Ich war mit Friedrich verheiratet, Friedrich von Grumbach, ein braver Adliger, dem Herzog von Bayern gehorsam und bereit, das Denken den Geistlichen zu überlassen. Er küsste den Ring an der Hand des Bischofs und ging seiner Wege. Am liebsten zur Jagd. Was in der Bibel stand, interessierte ihn nicht. So blieb mir nichts, als mich ganz allein immer weiter in die Heilige Schrift zu vertiefen, die ich im Schein der Kerze nachts in meiner Kammer las. Als mir dann auf einmal heimlich Schriften von dem Doktor Martin Luther gebracht wurden, da habe ich sie verschlungen wie ein hungriges Kind den süßen Brei. Was hätte ich darum gegeben, mit ihm sprechen zu dürfen! Doch einmal war ich tatsächlich bei ihm …«

»Ja, ich weiß«, ruft die Lutherin. »Ihr habt ihn auf der Veste Coburg besucht, als der Reichstag in Augsburg tagte. Er durfte dort nicht hin, weil sie ihn sonst gefressen hätten, so kamt Ihr aus Bayern zu ihm. Da habt Ihr aber nicht nur über das Abendmahl gesprochen, sondern auch darüber, dass ich unser Lenchen langsam abstillen sollte. Er hat Euch ein kleines Bild von dem Mädchen gezeigt und mir dann in seinem Brief geschrieben, was Ihr ihm geraten habt! Ich gestehe es, da musste ich lachen. Sitzt da ein Doktor Martin Luther, vor dem Kaiser und Papst sich fürchten, und spricht mit der Frau Argula von Grumbach darüber, wie man ein Kind am besten entwöhnt! Ich hab's ja auch schon gewusst, es war doch mein drittes Kind.«

»Mich hat es gerührt, dass er mit solcher Liebe von Euch sprach, Frau Lutherin! Da hattet Ihr einen besonderen Mann. Ich verließ ihn ungern, kehrte auf meine Burg zurück in die Einsamkeit meiner Kammer und vertiefte mich in die Heilige Schrift, die ich nun in so klarem guten Deutsch lesen konnte, wie Martin Luther sie übersetzt hat.«

»Wir im Kloster hatten nie Gelegenheit, in der Bibel zu lesen. Was darin stand, sollten wir gar nicht wissen«, sagt Elisabeth. »Du, Lutherin, weißt das, wir sind beide aus einem Kloster gekommen.«

»Erzähle du zuerst!«, erwidert die Lutherin.

6

Vom Kloster in die Küche

»Es war bei mir wie bei so vielen Mädchen: Unsere Familien brachten uns ins Kloster, weil sie uns irgendwie unterbringen mussten. Und sie wollten auch, dass wir bis an unser Lebensende für sie beten. Das haben sie sich so vorgestellt: Eine aus der Familie betet, die anderen führen ein Leben nach ihren Wünschen, und alle Strafen für ihre Sünden werden durch das fleißige Gebet der Nonne erlassen. Es war wie der Ablass – man zahlt und braucht das Gericht nicht mehr zu fürchten. Und wir jungen Mädchen in Treptow an der Rega nahmen unsere Aufgabe sehr ernst! Tag und Nacht beteten wir, fasteten und lasen in den heiligen Schriften der Kirchenväter, um unsere Brüder und Schwestern vor der ewigen Verdammnis zu retten. Meine stolze pommersche Familie, die von Meseritz, war sehr zufrieden mit mir, weil ich meinen Dienst aus ganzem Herzen tat. Ich schrieb Briefe an Menschen, die in seelischer Not waren. Ich betete inständig für einen getauften Juden. Das Elend der Menschen, die unter ihrer Sündenlast litten, bewegte mich. Und ich fragte mich immer wieder in den stillen Stunden, wie denn die Gnade zu den Menschen kommen konnte.

Aus dem Kloster Belbuck kam der junge Priester Johannes zu uns, um die Messe zu feiern und uns die Botschaft der Bibel auszulegen. Er las uns vor und forderte uns auf, selbst zu lesen – was nicht einfach war, denn in der Bibliothek gab es nur einige wenige alte Handschriften der Kirchenväter. Aber ich verstand, dass nach den Worten der Schrift jeder für seine Sünden einstehen müsste. Das Einzige, was uns retten könne, sei unser Herr und Heiland Jesus Christus. Das war ganz anders als das, was wir als Klosterschülerinnen gelernt hatten. Sollte nicht die Mutter Kirche für uns einstehen? Und wir mussten für unsere Familie vor Gott um Gnade flehen und darum mitten in der Nacht in die kalte Kirche schleichen und beten.

Im Unterricht legte er uns das Wort des Heiligen Paulus aus: ›… allein aus Gnade …‹ Ich hing an den Lippen des Mannes, der diese unerhörten Dinge sagte. In seinen Augen leuchtete ein Feuer, wie ich es nie bei den andern Priestern sah, die in unserem Kloster die Messe herunterlasen, als seien die Worte nichts wert, die sie sprachen. Dann verteilten sie, vor sich hin murmelnd, das Brot, den Leib des Herrn, und schluckten den Wein. Kaum hatten sie den Kelch abgestellt, waren sie schon beim Dank und beim Segen und eilten weg vom Altar, um sich bei der Äbtissin an den Tisch zu setzen. Oft blieb ich leer und enttäuscht zurück, wenn ich mich innerlich ganz für das heilige Sakrament vorbereitet hatte. Wie anders sprach Bugenhagen die Worte. ›Hic est …‹, wie anders sah er uns auch an, wenn er uns den Segen zusprach. Und so scharten wir uns um ihn, wollten ihm unsere Fragen anvertrauen, aber die Äbtissin trieb uns auseinander. Ein neuer Priester wurde geholt, ein hagerer Mann, streng und hartherzig. Wenn eine von den ganz jungen Mädchen weinte, weil sie Heimweh hatte, dann schlug er sie mit dem Stock: ›Du sollst Gott lieben und dankbar sein, dass du ihm dienen darfst!‹ Ich hatte schon die ewigen Gelübde abgelegt, aber der Gedanke an die neue Lehre, von der Bugenhagen gesprochen hatte, ließ mich nicht los. Das plagte mein Gewissen, und mein Gebet erschien mir hohl und leer. Ich bat meinen Vater, mich aus dem Kloster zu nehmen. Doch mein Vater wollte nicht, er habe für mich die volle Mitgift bezahlt, und das sei nicht wenig, jetzt müsse ich bleiben bis an das Ende meines Lebens.

Es hieß, Johannes Bugenhagen sei nach Wittenberg gegangen. Wittenberg – das war ein Ort, von dem wir noch nie gehört hatten. Aber plötzlich redete man überall in Pommern von Wittenberg.

Immer öfter hörten wir am Gitter, das uns von unsern Besuchern trennte, geflüsterte Neuigkeiten: dass eine große Unruhe in der Kirche sei, ein Mönch in Wittenberg habe es vor dem Kaiser bekannt und nicht widerrufen, dass der Papst und die Bischöfe sich irren könnten!

Nachts lag ich auf meinem Lager und weinte. Ich kannte das Leben noch nicht, aber ich hatte an der Pforte die Mägde lachen sehen, wenn junge Männer sie an den Zöpfen zogen. Das war Sünde, erklärten uns die Priester. Ich hatte Musik von draußen gehört, und mit Verachtung in der Stimme sagte Schwester Gertrudis: ›Sie tanzen – und werden in die Hölle tanzen.‹ Nur – fröhlich waren die Schwestern im Kloster auch nicht, obwohl sie doch wussten, dass sie in den Himmel kommen würden. Manchmal gab es heftigen Streit unter ihnen, weil eine nicht richtig gesungen oder eine andere an der falschen Stelle das ›Amen‹ gesagt hatte. Und ich fühlte mich sehr einsam, obwohl doch Jesus Christus mein Bräutigam war. Aber ich wusste viel zu wenig von Jesus. In den Geschichten, die ich kannte, half er den Armen und Elenden. Mir half niemand. Einige Mädchen versuchten, einander in Frömmigkeit und Zucht zu übertreffen, andere gaben den älteren Schwestern freche Antworten und kamen immer zu spät in die Kapelle. Ich erschrak: Das sollte mein Leben sein, mein ganzes Leben? War es da nicht besser, gleich zu sterben? Und sofort fühlte ich mich schuldig bei diesem Gedanken und fürchtete die Strafe Gottes und das Dunkel der Zelle, in die man solche Mädchen sperrte, die sich nicht einfügen wollten.

Ich war ja noch jung. Und nachdem ich den Priester Johannes gehört hatte, wollte ich nur eins: dort hingehen, wo Menschen in dem Glauben lebten, den er uns verkündet hatte. Ich wollte nach Wittenberg. Es war mir klar, dass ich bettelarm war, dass ich von allen als entlaufene Nonne verachtet würde. Aber der Eine, von dem unser Lehrer Johannes erzählt hatte: der Mönch in Wittenberg, der würde mich gewiss verstehen. Ich musste zu ihm.

Heimlich schrieb ich meinem Vetter in Belbuck, der auch schon seit Jahren im Kloster war und den Priester

Johannes kannte. Er kam an das Gitter im Besuchszimmer und schob mir einen Zettel zu: Er würde wie die meisten seiner Brüder und selbst der Abt des Klosters nach Wittenberg gehen, um dort die neue Lehre zu studieren. Ich schrieb auf den Zettel: ›Nimm mich mit!‹

Es war ein ganzer Wagen voller Menschen, die sich auf den Weg machten, weil sie gelesen hatten, was Martin Luther in seiner Schrift ›Von der babylonischen Gefangenschaft der Kirche‹ schrieb:

Aus diesem jetzt für sich selbst offenbar ist, was da sei der Gebrauch und der Missbrauch der Messe, was da sei eine würdige oder unwürdige Vorbereitung. Denn ist sie eine Verheißung, wie gesagt ist, so wird mit keinen Werken, mit keinen Kräften, mit keinen Verdiensten dazu gegangen, sondern allein mit dem Glauben …

Als wir ankamen, fragte ich nach dem Priester Johannes Bugenhagen, und eine Marktfrau wies mir den Weg ins Pfarrhaus an der Kirche, dort traf ich ihn wieder! Er saß mit seiner Frau Walburga am Tisch. Ich stand in der Tür, zu Tode erschöpft, gerade von dem Wagen gestiegen, und sie sprangen beide auf und hießen mich willkommen.

›Ich kenne Euch‹, sagte Bugenhagen, ›aber ich weiß nicht, woher.‹

›Ich komme aus Treptow, Ihr wart mein Lehrer …‹, stotterte ich.

Und sie nahmen mich auf!

Was für ein Leben war das damals in Wittenberg! Von allen Seiten kamen Studenten, Mönche, die das Kloster verließen – und Nonnen wie du, Lutherin. Die guten Bürger

Wittenbergs taten, was sie konnten, gaben Kleider und Nahrung, in den Pfarrhäusern gab es Unterkunft und Rat. Wir Heimatlosen, die eine Heimat suchten, stärkten einander, sprachen einander – ob Mann, ob Frau, ob Geistlicher, ob Bürger – Ermutigung zu: ›Allein aus Gnade …‹, predigte Bugenhagen in der Stadtkirche. Mit den anderen Frauen hockte ich vor der Kanzel, und auch wenn seine Predigten sehr lang waren und die Kinder zwischen uns auf den Bänken hin- und herrutschten: Ich konnte aus vollem Herzen beten und Gott danken und meinem Herrn Jesus Christus, der mich aus Schuld und Not erlöst hatte.

In Bugenhagens Haus saßen immer viele Gäste am Tisch. Damals gab es im Schwarzen Kloster noch keine Lutherin und keine Küche voller Suppentöpfe und Schüsseln, nur die dunklen ehemaligen Mönchszellen und die leeren Säle. Walburga aber hatte ihre Küche und ihre Mägde, und so kam auch der Doktor Martin Luther gern in unsere Stube. Ich half der Frau Walburga, den Herren zu dienen, und wenn nach dem Essen das Bier ausgeschenkt wurde, dann setzten wir uns zu ihnen und lauschten ihren Gesprächen: Wie sie um die Wahrheit rangen, um die Bedeutung der guten Werke, um die Freiheit des Willens – manchmal hätte ich gern etwas dazu gesagt, aber wir Frauen wagten es nicht.

Es kamen auch mehr und mehr Studenten, um zuzuhören oder etwas beizutragen. Und einer der Studenten war der junge Caspar Cruciger …«

— Die Lutherin nickt.

»Ja, so war es! Wir entflohenen Nonnen saßen auf einmal neben Männern, richtigen Männern. Und der eine oder andere gefiel uns. Ich traf den Hieronymus bei euch, liebe Nachbarin, im alten Haus des Melanchthon. Immer wieder sah er mich an und ich schlug die Augen nieder. Ich hatte ja auch nicht gelernt, einem Mann in die Augen zu sehen.

Aber einmal, als wir im Dunkeln auseinandergingen, folgte er mir auf der Straße und rief leise: ›Fräulein von Bora!‹

Ich glaubte, ich müsste im Erdboden versinken.

›Wann kann ich Euch wieder treffen?‹, hörte ich ihn leise fragen.

›Kommt in die Apotheke ins Haus Cranach‹, flüsterte ich zurück und war froh, dass er nicht sah, wie mein Gesicht brannte. Dann lief ich schnell und versteckte mich bei Cranachs in meiner Kammer.

Schon am nächsten Tag kam er in die Apotheke und klagte über Magenweh. Ich bereitete ihm Kräuter zu für einen Tee, aber meine Hände zitterten so sehr, dass mir das Glas herunterfiel. Er bückte sich mit mir unter den Tisch und versicherte, die Schmerzen seien schon vorbei. Da ging die Tür, eine Frau kam herein und er verabschiedete sich, dankbar, dass er so schnell Hilfe gefunden habe …

Anfangs hat niemand gemerkt, wie wir einander in den Elbauen trafen und uns an den Händen fassten, um uns im Nebel nicht zu verlieren. Aber dann kam alles anders.

Du wirst mir sicher zustimmen, Elisabeth: Unser Leben war nicht immer leicht.

Da hat mich mein Herr Doktor doch eines Morgens

kritisiert, als ich mit heißem Kopf und schmutzigen Händen aus der Küche kam, um schnell noch im Stall nach einer kranken Sau zu sehen. Ich wollte zur Tür hinaus, aber er hielt mich an und schüttelte den Kopf. ›Hast du denn heute schon gebetet, Käthe? Du rennst ja immer nur herum und vergisst deinen Hergott!‹

›Mein lieber Herr Doktor‹, sagte ich zu ihm, ›wenn Ihr und alle unsere lieben Gäste heute Mittag essen wollen, dann muss ich am Herd stehen. Und wenn Ihr zum heiligen Weihnachtsfest einen guten Braten auf dem Tisch wünscht, dann muss ich auch in den Stall laufen. Ich würde gern öfter einmal beten und Dank sagen für Gottes Güte, im Kloster hatte ich Zeit dazu. Aber Gott weiß das.‹ Und damit bin ich an ihm vorbei, und er sah mir kopfschüttelnd nach.

Er hatte ja recht, doch wie sollten wir das machen: Psalmen singen und beten, wenn die großen Kinder sich zankten, die kleinen Hunger hatten und die Gäste erwartungsvoll um den Tisch saßen?

Im Kloster mussten wir nachts aufstehen, um die Gebete zu halten. Später sind wir auch mitten in der Nacht aufgestanden, haben die Neugeborenen gesäugt, die Kranken gebettet und ihnen kalte Tücher aufgelegt oder das Feuer geschürt in eiskalten Nächten. Ich habe mit dem Knecht im Stall gehockt, als ein Kalb zur Welt kam. Der volle Mond stand am Himmel und ich dachte daran: ›Jetzt müssen die Schwestern aufstehen, jetzt läutet es zur Vigil mitten in der Nacht – und ich stehe bis zu den Knöcheln in Blut und Dreck.‹ Aber da lag das Kalb neben seiner Mutter, ein Stück Leben.

Manchmal, wenn ich erschöpft war und mich am Abend früh in unsere Schlafkammer begeben wollte, hörte ich es am Tor klopfen. Unser Hund Tölpel fuhr kläffend hinaus, und da stand einer im Regen und bat um Obdach.

›Was‹, sagte ich, ›seid Ihr denn so spät noch unterwegs?‹

›Ach‹, stotterte er und das Wasser lief an ihm herunter, dass er in einer Pfütze stand, ›ich wollte doch Wittenberg noch heute erreichen. Ich wollte doch ins Haus des berühmten Herrn Doktor, und man sagt, es gebe dort auch Zimmer und Kost, wenn man zahle.‹

Was sollte ich tun? Der Herr Doktor kam dann wohl auch die Treppe aus seinem Turm herunter und fragte, was los sei. Aber die Kammer musste ich richten und das Stroh aufschütten, denn im Hause Luthers herrschte Ordnung und Sauberkeit. Und wenn der Hahn ein paar Stunden später krähte, begann wieder die Arbeit des Tages so wie im Kloster. Nein, bequemer hatten wir es nicht.«

— »Habt ihr es dann bereut, aus dem Kloster geflohen zu sein?«, fragt die Zellin.

»Aber nein, nie!« Elisabeth schüttelt heftig den Kopf.

Die Lutherin lacht nur und erzählt weiter:

»Im Kloster hieß es, dass unsere Gebete unseren himmlischen Bräutigam erfreuten oder dass wir unseren Verwandten einen Dienst erwiesen und für ihre Sünden Vergebung erlangten. Aber wenn ich im Chor der Kirche stand und mit meiner Müdigkeit kämpfte, dann wusste ich nicht, warum sich Jesus darüber freuen sollte. War unser Gesang denn so schön? Waren wir denn so besonders gute Menschen?

Bedenkt, ich war 16 Jahre alt, als sie mir die ›ewigen‹ Gelübde abnahmen. Ja: ›abnahmen‹, denn ich wusste gar nicht, was ich sonst hätte tun sollen. Zurück in meine Familie konnte ich genauso wenig wie du, Elisabeth. Meine Mutter starb früh, ich kann mich nicht an sie erinnern. Mein Vater hat natürlich ganz schnell wieder geheiratet – was sollte ein Mann sonst auch machen, wenn er das Haus voller Kinder hatte? Die jungen Mägde waren selbst fast noch Kinder, die älteren müde und verbittert. Also kam eine neue Frau ins Haus. Meine Brüder und ich sollten ihr gehorsam sein, aber das war schwierig, denn sie musste sich bald mit ihrem eigenen Kind beschäftigen. Die Jungen machten, was sie wollten, und ließen sich von der Stiefmutter nichts sagen. Da war es für meinen Vater natürlich das Beste, mich in ein Kloster zu bringen. Die Benediktinerinnen in Brehna hatten einen guten Ruf und es gab dort eine Reihe adliger Mädchen, die von ihnen erzogen wurden. Aber sie verlangten auch viel Geld. Und das hatte mein Vater nicht. Unser Gut war heruntergewirtschaftet, es war kaum mehr eine Kuh da, die Milch gab, die Scheune war leer – nur Wild aus den Wäldern brachte mein Vater mit und feierte ausgiebig mit seinen Jagdgenossen.

Als er meinen Aufenthalt nicht mehr bezahlen konnte, holte mein Vater mich wieder ab und brachte mich nach Nimbschen. Und nur weil die Äbtissin eine Verwandte meiner Mutter war, wurde ich im Kloster Marienthron aufgenommen, obwohl meine Mitgift eigentlich nicht reichte!

Nimbschen – das war ein kalter, trüber Ort. Über dem Tal der Mulde lag auch im Sommer oft der Nebel, und zwischen den uralten Mauern – das Kloster war ja über zweihundert Jahre alt! – wurde es nie warm. Was habe ich gefroren! Aber es hieß, das sei unser Opfer an Gott. Wollte Gott denn wirklich, dass ich friere? Der Zisterzienserorden war sehr streng. Wenn wir nicht beteten, mussten wir fasten, schweigen und Handarbeiten machen. Immer hatten wir Hunger, und so habe ich später auch dafür gesorgt, dass in Luthers Haus alle satt wurden. Vielleicht habe ich es auch ein bisschen zu gut gemeint: Mein Herr Doktor und ich sind in den 21 Jahren unserer Ehe recht füllig geworden.

Ich hatte gute Freundinnen im Kloster, und so habe ich das Schweigegebot oft gebrochen und deswegen immer wieder gebeichtet, aber der Kaplan hielt es gar nicht für so wichtig. Oft bin ich in die Apotheke geflüchtet. Dort arbeitete meine Tante Lene, eine Schwester meines Vaters, mit der ich über alles sprechen konnte, was mich bewegte. Später hat sie bis an ihr Lebensende bei uns gewohnt, und ohne sie wäre ich wohl manches Mal verzweifelt. Davon habe ich euch erzählt. Sie lehrte mich schon im Kloster die Pflege der Kräuter im Garten und wie man in der Apotheke heilsame Tinkturen und Salben zubereitete. Wie gern war ich bei ihr – und wie ungern habe ich Handarbeiten gemacht. Es kam mir immer so vor, als seien meine Hände dafür einfach nicht geeignet: zu dick, zu grob. Schwester Magdalene – so musste ich sie im Kloster nennen – war zwar anderer Ansicht, aber sie half mir, wenn ich im Winter beim Sticken das Muster nicht klein und fein genug hinbekam. Die Hände waren ja auch viel zu kalt für solche Arbeiten. Wie war ich erleichtert, wenn es dann Frühling wurde und ich wieder mit meiner lieben Lene in den Garten gehen konnte!

Ja, seht ihr: Was ich im Kloster gelernt habe, konnte ich später nutzen. Oft habe ich meinem Herrn Doktor einen Trank zubereitet, wenn er einmal wieder tagelang keinen Stuhlgang hatte und sich vor Schmerzen wand! Ich wusch die Wunden der Kinder, wenn sie hingefallen waren, und bedeckte sie mit blutstillenden Kräutern. Gegen ihr Fieber wusste ich Umschläge zu machen, und vor allem habe ich gelernt, das Haus und die Küche sauber zu halten. So war die Zeit im Kloster für mich auch eine Lehrzeit, und das meiste, was ich lernte, war wichtiger als Latein, aber auch das half mir, wenn ich mit den klugen Männern am Tisch saß!

Ohne Luthers Hilfe hätte ich das Kloster jedoch nie verlassen! Die Schwestern Zeschau, die mit mir flohen, hatten einen Bruder im benachbarten Grimma, der uns besuchen durfte, weil er auch – wie Luther – ein Augustinermönch war. Er brachte ein paar Zettel zu uns, die wir heimlich lasen: die Schrift Luthers *Von der Freiheit eines Christenmenschen*. Da begann für mich eine schwere Zeit.

Alles, was ich bisher gelernt hatte, alles, was die Väter des Ordens und die Mutter im Kloster sagten und von uns verlangten, sollte nicht mehr gelten? Könnt ihr euch das vorstellen, Schwestern? Mein Hunger, meine Müdigkeit, meine Sehnsucht nach etwas, was ich dann mit Luthers Worten meine ›Freiheit‹ zu nennen begann, schien auf einmal berechtigt. Und ich hatte immer dagegen angekämpft, um gerecht zu sein vor Gott. So wie du, Elisabeth, habe ich nachts wach gelegen, und die Angst vor der Hölle hat mich geschüttelt, dass ich schreiend erwachte. Dann jedoch gab es neue Nachrichten aus Wittenberg: Er versprach, uns zu helfen, denn sonst war niemand da, der uns hätte helfen können. Als ich die Entscheidung getroffen hatte, war mir gar nicht mehr bange. Ich setzte mich voller Erwartung in der Osternacht auf den Planwagen von Leonhard Koppe. Und Luther hat unser Vertrauen nicht enttäuscht. Um alle, die mit mir kamen, hat er sich bemüht, hat ihnen ein Leben in Sicherheit und christlicher Freiheit ermöglicht – am Ende sogar mir!«

— »Und wir waren nicht die Letzten, Lutherin, nach uns kamen noch so viele! Mit seiner Schrift *Ursach und Antwort, dass Jungfrauen Klöster göttlich verlassen mögen* hat er den Furchtsamen Mut gemacht und Leonhard Koppe verteidigt:

Werdet Ihr sagen: Wo will das hinaus? Dahinaus, dass Ihr ein neues Werk getan habt, davon Land und Leute singen und sagen werden, das viele werden für großen Schaden ausschreien. Aber die es mit Gott halten, werden's für großen Gewinn preisen, auf dass Ihr gewiss seid, dass es Gott so verordnet hat und es nicht Euer eigenes Werk oder Rat ist, und gehen lasst derjenigen Geschrei, die es als das allerärgste Werk tadeln werden und als von Gott weder verordnet noch befohlen erachten. Pfui, pfui, werden sie sagen, der Narr Leonhard Koppe hat sich durch den verdammten ketzerischen Mönch lassen fangen und fährt zu und führt neun Nonnen auf einmal aus dem Kloster und hilft ihnen, ihr Gelübde und klösterliches Leben zu verleugnen und zu verlassen!

Zum zweiten ist das eine hohe, wichtige Ursache und Not,

dass man leider die Kinder, vor allem das schwache Weibervolk und junge Mädchen, in die Klöster stößt, sie anreizt und dahin gehen lässt, wo doch keine tägliche Übung des göttlichen Wortes ist, ja, wo selten oder nimmermehr das Evangelium einmal recht gehört wird. Und sie werden doch in den höchsten Kampf gestellt: nämlich um die Jungfrauschaft zu streiten, wobei schwerlich und gar selten sogar diejenigen bestehen, die mit Gottes Wort allenthalben gerüstet und mit hoher, seltener, wunderbarer Gnade herausgehoben sind. Es bedarf der Mühe, die eheliche Keuschheit zu halten, auch mit Beistand des göttlichen Wortes; und dies junge, törichte, unerfahrene Weibervolk wird dahin gestoßen, wo der Streit am härtesten und mächtigsten ist. O der unbarmherzigen Eltern und Verwandten, die mit den Ihren so gräulich und schrecklich verfahren! O der blinden und tollen Bischöfe und Äbte, die hier nicht sehen und fühlen, was die armen Seelen leiden und wie sie verderben!«

Da klatschen alle Frauen in die Hände. »So war es richtig!«

Und selbst die alte Katharina, die bisher nur schweigend zugehört hat, spricht jetzt langsam und stockend. »Ihr seid im Vertrauen auf das Wort des Doktors Martin Luther aus dem Kloster geflohen. Ihr habt Sicherheit hinter euch gelassen und habt ein neues Leben gefunden. Ich bin wie ihr aufgebrochen aus einer Sicherheit, in der ich zwar wenig Freude hatte, viel Arbeit und Mühe, aber doch auch mal eine gute Mahlzeit und ein fröhliches Fest. Meinem Mann habe ich gedient und beigestanden, meine Kinder genährt und aufgezogen, habe niemanden betrogen und bin doch oft betrogen worden. Ich war schon alt, als ich aufbrach, aber ich hatte immer noch eine unerfüllte Sehnsucht nach

Freiheit. Und ich habe wie ihr einem vertraut, der mir ein neues, ein besseres Leben versprach. Ich bin dem Thomas Müntzer gefolgt.«

»Thomas Müntzer?«

»Dem Schwarmgeist?«

»Dem Aufrührer?«

Entsetzt schauen die Frauen auf die in ihrer Mitte, die jetzt den Kopf hebt und von einer zur anderen blickt. »Wollt ihr hören? Oder soll ich gehen?«

»Sprich!«

7

Wie sich die Geister scheiden

»Ich heiße auch Katharina und lebte in der freien Reichsstadt Mühlhausen. Die Händler sagten damals, Leipzig und Dresden seien kleine Nester gegen unser Mühlhausen, und sie kamen gern. Auf dem Markt brummte und summte es, in unserer Kirche glitzerte es von Gold und Silber. Aber die reichen Herren der Stadt gaben nichts an die Armen ab. Die Kaufleute schlugen sich die Bäuche voll zusammen mit den geistlichen Herren, und ihre Frauen scheuchten die Mägde, arme Mädchen aus den umliegenden Dörfern, vom Morgengrauen bis in die Nacht.

Ich war die Tochter eines Gerbers und heiratete den Conrad Kreutter, der auch ein Gerber war. Wir hätten ganz zufrieden leben können, aber mein Eheherr konnte sich nicht in die Ordnung fügen, dass die Handwerker von den Kaufleuten gemieden wurden, noch dazu wenn einer ein so niedriges Handwerk ausübte wie die Gerberei. Das stank, da war man schmutzig und saß nicht im seidenen Kleid in der Kirche ganz vorn. Dabei taten wir unsere Arbeit gewissenhaft, und immer wieder kamen die Knechte der reichen Herren und wollten, dass wir noch schneller und besser arbeiteten, weil ein Lederwams schon wieder auf der Jagd zerrissen sei. Mein Mann ertrug solchen Hochmut nicht und gab oft verdrossene Antworten. Ich versuchte trotzdem, die Herren bei guter Laune zu halten, denn wenn sie nicht zahlten, dann mussten wir hungern – wie es den Bauern ringsum in den Dörfern erging.

Die Gerberei lag am Rande der Stadt, da kehrte mancher ein, der auf dem Markt seine Ware angeboten hatte, und der Kreutter redete mit ihnen und sie klagten und schimpften. Nicht einmal mehr die Fische im Weiher durften sie fangen, alles gehörte den Herren, so lasen auf einmal die Juristen in den alten Gesetzen. Wenn ein Bauer einen Hasen erlegte, stellte man ihn vor Gericht. Und wehe, es trug einer einen Hirsch nach Hause! Da schleppten sie ihn in Ketten ab. Das gute alte Recht galt nicht mehr, ›römisches Recht‹, lachten die Landsknechte und konnten gar nicht lesen, was in den Büchern stand. Aber sie hatten einen Grund, den einfachen Mann zu quälen.

Oft saßen wir in der Nacht am Tisch und der Kreutter ballte die Fäuste: ›Wenn ich denen an den Kragen könnte …!‹

Da kamen Wanderer in unser Haus und erzählten, es sei bald vorbei mit der Herrschaft des Kaisers und des Papstes. Ein einfacher Mönch aus Wittenberg habe die Mächtigen herausgefordert und alles Volk laufe ihm nach.

Es blitzte in den Augen meiner Söhne. ›Wo ist der Mann?‹

›Man weiß es nicht, er verschwand, als er vom Reichstag in Worms zurückkam. Vielleicht ist er tot‹, fügten sie kleinlaut hinzu. Aber dann redeten sie von den anderen, die ihm folgten, in Wittenberg war's. Sie hatten die Kirchen gestürmt und die Heiligenbilder herausgeworfen. Den Kirchenschatz hatten sie ausgeräumt und unter die Bettler verteilt. Wie gern wir das hörten! Namen wurden genannt: Karlstadt und dann – Müntzer, Thomas Müntzer.«

— Katharina Melanchthon schreit leise auf. »Mein armer Philipp hat es miterlebt, als die Anhänger des Karlstadt in die Gottesdienste stürzten und forderten, man sollte alles neu machen. Wir verkrochen uns in unserem Haus und lauschten angstvoll auf die Straße hinaus. Er saß am Tisch, den Kopf in die Hände vergraben, verzweifelt. ›Luther muss kommen‹, rief er.

Luther war auf der Wartburg. Er kam heimlich nach Wittenberg und tröstete uns. Er werde eine Schrift aussenden, um dem Spuk ein Ende zu machen. Ach, eine Schrift! Man hätte ihn selbst gebraucht mit seiner Donnerstimme, denn mein Philipp war zu sanft vor diesen Rotten. Wenn er die Stimme erhob, dann lachten sie nur über ihn. Und als er Luthers Schrift in der Stadtkirche verlas, da hörte kaum einer zu.

Mitten in der Unruhe feierten wir Weihnachten, und Karlstadt stand vor dem Altar und reichte den Kelch allen – ohne Beichte, ohne Priestergewand. Da sind doch viele erschrocken und waren froh, als Luther dann kam, als Ritter verkleidet und wirklich – ein Kämpfer! Aber seine Waffe war das Wort, nichts sonst. Acht Tage hat er gepredigt, jeden Tag. Er sprach auch von der Schwachheit des Menschen und von der Liebe. Am dritten Tag habe ich mich getraut, in die Kirche zu gehen. Da war alles voll. Der ganze Rat der Stadt stand an der Kanzel und hörte zu. Keiner rührte sich mehr.

So, Katharina aus Mühlhausen, so war es in Wittenberg. Und ihr in Mühlhausen habt euch gewünscht, dass mit Karlstadt eine neue Ordnung eingeführt würde?«

»Ja, wir haben es uns gewünscht. Denn unsere Ordnungen waren falsch. Wir haben gehört, dass der Luther in Wittenberg von der Freiheit predigte – und von der Liebe. Aber das waren Worte, und von den Worten wurden die hungrigen Bauern nicht satt. Und diejenigen, die zu Unrecht im Gefängnis saßen, warteten vergeblich auf die Liebe, die ihnen die Tore öffnete. Nein, wir trauten niemandem mehr, der nicht eine ganz neue Ordnung aufrichtete – und sei es mit dem Schwert.

Der Geist rief den Thomas Müntzer in Allstedt und befahl ihm, die ›Gemeinde der Heiligen‹ zu gründen.

›*Gott wird wunderbare Dinge tun mit seinen Auserwählten, sonderlich in diesem Lande. Denn hier wird die neue Kirche angehen, dies Volk wird ein Spiegel der ganzen Welt sein …*‹

Das hörten wir von ihm, das sagten wir einander weiter. Wir konnten ja die Heilige Schrift nicht lesen, wer hätte uns denn das Lesen lehren sollen? Wir glaubten dem Wort, das der Geist denen eingab, die für uns waren und uns eine Welt ohne Ungerechtigkeit versprachen. Von Luther sprach Müntzer nur mit Verachtung: Der saß da in Wittenberg und tat nichts, um das Reich Gottes herbeizuführen. Die Liebe, von der er predigte, gelte denen nicht, die reich und sicher wohnten – wie der Herr Doktor selbst.

Als der Kurfürst befahl, Müntzer vor das Gericht zu stellen, flüchtete er aus Allstedt nach Mühlhausen. Gleich hinter der Stadtmauer stand unser Haus. Er klopfte in der Nacht, und Kreutter entzündete ein Licht und öffnete. Wir hatten ihn noch nie gesehen, aber als er uns mit Bruder und Schwester anredete und mit feurigen Augen davon sprach, dass nun in Mühlhausen ein Reich Gottes aufgerichtet werde, da vergaßen wir alle Müdigkeit und hörten ihm zu, bis das Morgengrauen durch die Fenster hereindrang. Einen ›bitteren‹, keinen ›süßen‹ Christus verkündete er. Es werde furchtbare Kämpfe geben. Und er sagte, das ›Wehe den Reichen‹ stehe auch in der Schrift. Den Luther nannte er das *geistlose sanftlebende Fleisch zu Wittenberg*. Er wies uns auf die Sterne, die schon längst das Ende der Welt prophezeiten, denn sie stünden in einer neuen Konstellation. Wir kannten die Sternbilder nicht und staunten über seine Verheißung.

Seine Botschaft veränderte unsere Stadt. Der alte Priester drohte uns mit den schrecklichsten Höllenstrafen. Aber wir lachten ihn aus, und als er keine Ruhe gab, jagten wir ihn durch die Stadt. Die Frau, deren Tochter er verführt hatte, nahm einen Stock und schlug ihm auf sein fettes Hinterteil. Sein unmoralisch gezeugtes Kind spuckte vor ihm aus. Und dann brachen wir an Weihnachten in die Kirche ein, ich läutete die Glocken dazu, sodass alles zusammenlief. Wir holten die Geräte aus Gold und das Silber heraus, die der Pfarrer dort gehütet hatte, obwohl sie doch Gott gehörten. Und Gott schenke sie uns, sagte Müntzer. Ich nahm einen silbernen Leuchter mit in unser Haus, der sollte jeden Sonntag auf unserem Tisch stehen.

Ein ›ewiger Rat‹ wurde gebildet, da saßen Handwerker und arme Leute zusammen mit den Reichen, die sich in einer Ecke zusammendrängten. In elf Artikeln wurde das Zusammenleben in der Stadt neu geordnet, und wer sich dagegen wehrte, den warfen dieselben Knechte in dieselben Gefängnisse, in die man vorher aufmüpfige Bauern geworfen hatte. Es war eine neue Zeit, eine herrliche Zeit für uns, die wir so viel gelitten hatten. Es schien, als ob selbst der Geruch der Gerberei unsere Mitmenschen nicht mehr störte.

Und der Geist gab uns ein, in unsern Häusern Gottesdienste zu feiern. Wir tauften diejenigen, die zu uns gehören wollten. Und das war keine zweite Taufe, denn die erste galt nicht mehr. Wir feierten das Abendmahl und brauchten keinen Priester dazu. Ja, selbst ich, eine alte dumme Frau, ergriff vom Geist getrieben den Kelch und sagte Worte, die ich selbst nicht verstand. Dann reichte ich den Kelch meiner Nachbarin und meinem Mann, den Söhnen, den anderen Nachbarn, und es war mir, als habe sich der Himmel aufgetan. Für uns war das Reich Gottes angebrochen! Vom Geist ergriffen habe ich gepredigt und den Gott gelobt, der uns aus der Knechtschaft der Herren befreit hat.

Ich weiß, dass es euch schaudert. Ich weiß, dass ich Unrecht tat, denn wir hatten die Liebe verraten. Aber glaubt mir: Ich war auf der Erde dem Himmel nie so nahe wie in jenen Tagen.«

— Katharina Zell ist die Erste, die das tiefe Schweigen bricht, in dem die Frauen versunken sind: »Du weißt jetzt so wie wir, dass es uns nicht gelingen wird, das Reich Gottes auf Erden aus menschlichem Willen zu bauen. Aber mein Herz glüht, wenn ich dir zuhöre – wie der Geist zu dir sprach, wie du den Kelch nahmst, wie du gepredigt hast. Wir alle haben kleine, winzig kleine Schritte getan, dorthin, wo es keine Unterschiede mehr gibt im Wert von Mann und Frau, Handwerker und Herzog. Aber ich kenne die Ungeduld, die uns oft erfasste. Und so verstehe ich auch, dass du in dieser neuen Ordnung die Erfüllung deiner Wünsche sahst. Doch ich fürchte, du hast bitter dafür bezahlen müssen.

Ich klage es Gott mit dir, dass die Menschen sein Gebot nicht halten können oder nicht halten wollen, dass einer dem andern sein Recht und seine Meinung aufzwingt. An meinem Tisch in Straßburg haben sie alle gesessen: Schwärmer, Täufer, Anhänger Luthers, Zwinglis, Calvins. Jeder hatte seine Meinung, jeder bestand darauf, dass er Gottes Willen besser verstehe als alle anderen. Jeder war der Überzeugung, dass er allein die Wahrheit kenne und bewahre.

Aber die Wahrheit, liebe Schwester, die Wahrheit ist nichts, was wir besitzen können. Jesus sagt: ›Ich bin die Wahrheit.‹ Die Wahrheit kann man nur sein. Die Wahrheit müssen wir leben. Und wer nicht lebt und liebt, wie Christus gelebt hat, der verrät die Wahrheit. Das habe ich auch denen gesagt, die mir Vorwürfe machten, weil ich einer Freundin die Grabrede gehalten habe, die zu euch, zu den Täufern gehörte.

Die Kinder der Elisabeth Hecklerin kamen zu mir und baten unter Tränen, ihnen beizustehen, denn keiner von den Theologen wollte an dem Grab der Verstorbenen reden. Ich war zu schwach, um aufzustehen und zum Friedhof zu gehen. Aber zwei wackere Männer fuhren mich im Wagen hinaus. Wir trafen uns früh um sechs Uhr auf dem Friedhof, als die braven Bürger noch schliefen, und hielten im kalten Morgenwind einen Gottesdienst für sie. Wir befahlen sie der Gnade unseres Herrn Jesus Christus, und ich weiß, dass sie in seiner Liebe aufgehoben ist – so wie auch du, Kreutterin, von Gott angenommen wurdest!«

»Ja, Gott hat meine Tränen getrocknet und meine Wunden geheilt. Aber die Grausamkeit der Menschen habe ich erfahren wie die Frauen aus Genf, von denen Ihr gesprochen habt, Frau Idelette!«

Und alle lauschen gebannt, was die alte Frau zu sagen hat.

»Als im Süden Deutschlands die Bauern aufstanden und im Namen Luthers ihre Rechte forderten, da sammelte Müntzer die Bauern in Thüringen: ein beachtliches Heer. Auch mein Mann und meine Söhne folgten ihm voller Vertrauen. Aber sie hatten keine Waffen, nur ihren Glauben, dass sie eine neue Zeit heraufführen würden. Als sie an jenem leuchtenden Morgen im Mai loszogen, da meinten wir alle, nun werde Gott entscheiden – für uns. Auch wenn der Doktor Martin Luther wider die *räuberischen und mörderischen* Bauern geschrieben hatte, wir kämpften für Gerechtigkeit, nicht die Fürsten.

Wie der Tag ausging, wisst ihr.«

— Da seufzt die Lutherin. »Ja, der Herr Doktor hat gegen die aufständischen Bauern gepoltert, gewettert, geschrien. Die Nachrichten aus Weinsberg haben ihn zur Verzweiflung gebracht. Dass in seinem Namen gemordet wurde, weil die Bauern von der *Freiheit eines Christenmenschen* gehört hatten, war ihm ein Werk des Teufels. Er wollte sterben. Ja, glaubt es mir: Er wollte sterben! Alles, was er gedacht und geschrieben hatte, schien ihm nichts mehr wert. Er lief durch das leere, dunkle Schwarze Kloster wie ein Wahnsinniger. Jeden Tag wartete er, dass gedungene Mörder kämen, um ihn zu töten. Oder der Teufel selbst. Und was ihn am Ende am Leben erhalten hat, Schwestern, das hatte mit mir zu tun. Ich war ja noch übrig. So fragte er mich, ob ich ihn heiraten wolle, als er eigentlich mit dem Leben abgeschlossen hatte … Aber erzähle weiter, Katharina aus Mühlhausen!«

»Auf dem Schlachtfeld von Frankenhausen lagen 6.000 Mann. Meine Söhne lagen da. Und wenn sie dort nicht gelegen hätten, so wären sie umgebracht worden. Claus Kreutter verschwand. Ob er sich hat retten können, habe ich nie erfahren. Müntzer wurde zu Tode gefoltert. Das Blut lief durch die Felder in die Bäche, und die Tiere mochten nicht mehr daraus trinken. Nach Mühlhausen kamen die Knechte des Bischofs. Sie kannten die Namen der Aufrührer, wie sie die Männer nannten, die im ewigen

Rat gesessen hatten. Und so brachen sie auch in die Gerberei ein, durchsuchten alle Räume und hielten mir das Messer an den Hals, als ich ihnen nicht sagen konnte, wo der Kreutter war. Sie zogen mit Triumphgeschrei den silbernen Leuchter aus meiner Truhe. Schließlich warfen sie mich in einen Bottich.

Ich glaubte, dass ich dort sterben würde. Hunger und Durst zermarterten mich.

Aber als ich schon fast das Bewusstsein verloren hatte, da kamen sie wieder hereingestürmt durch die Tür. ›Wo ist das Weib?‹

Ich rührte mich nicht.

›Hier, wir haben sie doch in den Bottich geworfen.‹ Zu zweit zogen sie mich heraus, aber ich konnte nicht mehr stehen, und so warfen sie mich in eine Wanne und trugen mich unter lautem Geschrei ins Rathaus. Im Ratssaal war ein Gericht aufgebaut – da, wo der ›ewige Rat‹ getagt hatte. Die Richter hatten Teller mit Geflügel und Kelche mit rotem Wein vor sich, und während sie mich verhörten, kauten sie und das Fett lief ihnen aus den Mundwinkeln. Als ich sie so sah, wusste ich, dass wir recht gehabt hatten.

An der Seite saß einer und schrieb auf, was sie fragten und was ich antwortete. Ich war so schwach, dass ich nicht stehen konnte. Also setzten sie mich auf einen Schemel und rückten ihn gegen einen Tisch, damit ich nicht herunterfiel.

Ich gab alles zu: dass ich die Glocken geläutet hatte, als wir St. Blasius stürmten, dass ich von den Glaubensgenossen getauft wurde, obwohl mich der Priester schon als Kind getauft hatte, dass wir das Heilige Mahl in beiderlei

Gestalt feierten, ja, dass ich selbst den Kelch genommen und den anderen gereicht hatte.

Wenn mir die Stimme versagte, dann holten sie die Folterinstrumente, legten mir Daumenschrauben an, bis das Blut herausspritzte, und ich schrie und gestand alles, alles, ohne recht zu wissen, was ich redete. Nur konnte ich ihnen nicht sagen, wo Claus Kreutter war. Und das glaubten sie mir sogar.

Als sie mich dann ins Gefängnis warfen, hörte ich um mich herum das Weinen und Schreien der anderen Frauen. Eine nach der anderen wurde weggeschleppt und mehr tot als lebendig wieder in das Verlies hereingeworfen. Glaubt mir, die Hölle kann nicht schlimmer sein, als es die Folterkammern der Menschen sind.

Irgendeiner brachte uns einen Krug mit Wasser und ein paar Stücke trockenes Brot. Ich konnte nichts essen, meine Lippen waren aufgeplatzt. Aber ich netzte mir die Lippen und fiel dann in eine tiefe Ohnmacht. Als ich erwachte, rissen sie an mir, und ich dachte, nun würden sie mich sicher auf den Scheiterhaufen oder den Rost tragen, auf das Rad binden oder was sie sich sonst ausgedacht haben, um den Tod noch schrecklicher zu machen als unser erbärmliches Leben. Die Schmerzen und die Angst verwirrten meinen Geist, dass ich nichts mehr sah als Teufelsfratzen und meine eigene Stimme hörte wie die Stimme einer Wahnsinnigen. Sie kamen mit glühenden Eisen und brannten mir rechts und links ins Gesicht ihre Male wie einem Stück Vieh, dann zerrten sie mich aus dem Keller und stießen mich hinaus auf die Straße. Dort standen schon Kinder, die sie zusammengeholt hatten, um mich aus dem Tor zu treiben. Die hatten Steine und Stöcke in den Händen und johlten.

Ich weiß nicht, wie es kam, dass meine Beine mich noch tragen konnten. Ich stolperte durch die Straßen, gejagt von immer mehr Menschen, die auf mich einschlugen. Hinter dem Frauentor ließen sie von mir ab.

Nachdem ich eine Nacht im Freien gelegen hatte – es war eine milde Nacht und der Tau legte sich kühlend auf meine Wunden –, schleppte ich mich in das nächste Dorf. Die Kirche lag in Trümmern, Leichen lagen auf der Straße und die Kühe brüllten von der Weide herüber. Die Häuser waren verbrannt, in manchen Trümmerhaufen glühte es noch.

Mittendrin aber ging eine junge Frau suchend umher. Sie betrachtete die Gesichter der Toten, und als sie sah, dass ich noch lebte, kam sie heran und kniete neben mir. ›Mutter‹, sagte sie und zog aus der Schürze ein kleines Fläschchen. Sie salbte mein Gesicht mit Öl und wusch es mit ihren Tränen. Das war das Letzte – dann durfte ich eingehen ins Licht.«

— »Schwester!« – Die Frauen umringen die Alte und umarmen sie, eine nach der anderen.

Nach einiger Zeit beginnt die Lutherin wieder zu reden: »Ich habe in der Werkstatt des Lukas Cranach Bilder gesehen. Da waren sie – die Gesichter, die dir wie Teufelsfratzen erschienen. Als ich bei Cranachs lebte, stand ich oft mit Schaudern davor, denn nie hatte ich solche Menschen gesehen. Sie standen mit Peitschen in der Hand und marterten den Herrn. Die Münder waren von einem teuflischen Lachen schief verzogen. Sie spähten mit zusammengekniffenen Augen, wo sie ihn treffen, wo sie ihm Schmerzen zufügen könnten, und das anzusehen, zerriss mir fast das Herz.

›Wo gibt es solche Menschen?‹, fragte ich den Maler einmal abends, als er ganz allein noch mit dem Pinsel vor einer Leinwand stand.

›Du kennst sie nicht‹, erwiderte er, ›und du sollst sie auch nie kennenlernen.‹

Ein andermal sah ich sie auf einem Bild von der Ehebrecherin. Da hoben sie Steine auf, umklammerten sie mit der Faust, um sie gleich, gleich loszuwerfen auf die Frau, die in ihrer Mitte stand. In den Augen blitzte es von Gier und Lust am Töten. Hätte die Frau dort allein gestanden – nein, das hätte auch ein Lukas Cranach nicht gemalt. Aber Jesus war an ihrer Seite!

›Und wenn die Welt voll Teufel wär …‹, hat mein Herr Doktor gedichtet. War sie nicht voll Teufel? Wir haben das oft mutig gesungen, doch mir war bange dabei, denn ich weiß nicht, ob ich standgehalten hätte – den Daumenschrauben, dem Streckbrett. Gott hat uns verschont, und doch haben viele auf dem Scheiterhaufen gebrannt, weil sie Täufer waren wie ihr in Mühlhausen oder sich zu Luthers Lehre bekannten. Nie hat Luther verwunden, dass schon 1523 in Brüssel zwei Augustiner zu Märtyrern wurden, der Heinrich Voß und der Jan van Essen, die so tapfer die neue Lehre verkündigt hatten. Welche furchtbaren Gerichte ließ Gott über diese Erde kommen! Mein Martinus ist oft in tiefe Trauer verfallen, wenn er davon hörte oder las. Dann schloss er sich stundenlang in seinem Studierzimmer ein und rang mit seinem Gott, dem verborgenen Gott.«

»Es haben auch nicht alle standgehalten«, sagt Frau Argula. »Zu furchtbar waren die Drohungen. Ich habe es erlebt!«

»An wen denkst du?«, fragt die Lutherin.

8

Wie einer widerrief und die andere standhielt

»Ein junger tüchtiger Mann, gerade 18 Jahre alt, kam an die Universität nach Ingolstadt: Arsacius Seehofer. Er hatte in Wittenberg bei Melanchthon studiert und entflammte für das Evangelium, das ihm dort ausgelegt wurde. Begeistert erzählte er seinen Studenten davon, dass der Glaube, nicht die Werke, sie gerecht machen würde vor Gott. Aber in Ingolstadt lehrte auch der Doktor Johann Eck, ein Dominikaner.

Die Dominikaner waren immer und überall auf der Suche nach Ketzern, und in Bayern wurden sie vom Herzog dabei unterstützt, man nannte sie sogar die Spürhunde Gottes. In Leipzig hatte Luther mit Eck disputieren müssen. Der Dominikaner wollte ihm jede seiner Thesen widerlegen, aber es gelang ihm nicht und die Zuhörer wunderten sich. Luther blieb bei seiner Überzeugung: Nicht durch die erkaufte ›Gnade‹ der Kirche, sondern durch die Gnade Gottes wurde der Mensch von seinen Sünden erlöst. Luther kannte die Bibel mindestens genauso gut wie der Doktor Eck. Und so sehr er sich auch bemühte, Eck konnte keine Bibelstelle finden, die den Ablass rechtfertigte und die Ansprüche des Papstes bestätigte. Darüber war er natürlich maßlos erbost.

Als nun bekannt wurde, dass der junge Seehofer ein Anhänger Luthers war, lud Eck ihn sofort zu einem Verhör. In der Wohnung des jungen Mannes fand man die Schriften von Luther und Melanchthon. Triumphierend schleppte man ihn vor das Gericht der Universität – und hätte nicht sein wohlhabender Vater eingegriffen, dann hätte man ihn dem Bischof übergeben und mitsamt seinen Büchern auf dem Scheiterhaufen verbrannt. Der Herzog selbst befasste sich mit dem Fall und ließ ihn ins Gefängnis werfen. Dann drohte man ihm die Folter an. Unter Tränen tat er, was man von ihm forderte, legte die Hand auf die Bibel und schwor seinen angeblichen Irrtümern ab. Er dankte, wie man ihm befohlen hatte, dem Herzog und dem Universitätsgericht für ihre Milde. Schließlich wurde er ins Kloster Ettal verbannt und sollte abwarten, was man über ihn befinden würde.

Mein Mann und ich lebten damals in Dietfurt an der Altmühl. Der Herzog meinte es gut mit uns, obwohl ich aus einem aufsässigen Geschlecht stammte. Mein Oheim wurde als Anführer einer Revolte hingerichtet, mein Vater verlor all sein Gut, weil er sich an dem Aufstand beteiligt hatte. Ich aber kam an den Herzogshof und lebte weit weg von allen Händeln als junge Hofdame bei der Herzogin. Da meine Eltern gestorben waren, suchte Herzog Wilhelm selbst einen Mann für mich aus und sorgte für die gute Stellung in Dietfurt.

Ich hatte nicht viel zu tun: Unsere Kinder wurden von der Amme und den Mägden versorgt, in der Küche führte die Köchin ein strenges Regiment, und so hätte ich meine Zeit mit dem Ausrichten von kleinen Geselligkeiten und schönen Stickereien verbringen können. Aber da war meine Bibel. Und in der Koberger-Bibel gab es auch Bilder: von Judit mit dem Haupt des Holofernes, von jener Debora, die das Volk Israel richtete – und wenn ich die Holzschnitte betrachtete, dann drängte es mich, so wie diese Frauen in die Geschichte einzugreifen und die Gegner Luthers zu richten.

Da erreichten mich aus Ingolstadt die Nachrichten vom Schicksal des jungen Seehofer! Ich ließ mich schon am nächsten Tag nach Nürnberg bringen, denn dort gab es viele Anhänger Luthers, und ihr Pfarrer war Andreas Osiander. Von niemandem ließ ich mich aufhalten und stürmte ins Pfarrhaus, unterbrach den Mann bei der Vorbereitung seiner Sonntagspredigt und forderte ihn auf, sich für Arsacius Seehofer einzusetzen.

Osiander hatte noch nie mit einer Frau gesprochen, die sich in der Bibel auskannte, denn als er davon sprach, dass die Frau sich nicht in Männerangelegenheiten einmischen solle, weil sie ja doch nichts verstehe, habe ich ihm so wie du, Zellin, mit Galater 3 und dem Propheten Joel geantwortet: ›*Und nach diesem will ich meinen Geist ausgießen über alles Fleisch, und eure Söhne und Töchter sollen weissagen, eure*

Alten sollen Träume haben, und eure Jünglinge sollen Gesichte sehen.‹

Er staunte, dass ich mich so gut in der Bibel auskannte, und war dann auch bereit, mich anzuhören. Rings auf dem Boden lagen vollgeschriebene Blätter verstreut und ich merkte, dass seine Predigt sehr lang werden würde und er darum nicht viel Zeit für mich hatte. Als ich ihm von Seehofer erzählte und ihn bat, sich für den jungen Mann einzusetzen, wiegte er nur den Kopf und meinte, das sei schwierig. Dann wandte er sich wieder seiner Predigt zu.

Ich war empört. Da ging es um das Leben eines Menschen, um die Erneuerung der Kirche, und selbst ein lutherisch gesinnter Pfarrer kümmerte sich nicht darum? Also beschloss ich, selbst etwas zu unternehmen. Aber was? Es blieb mir nichts anderes, als die Feder zu ergreifen und in der Stille meiner Kammer Briefe zu schreiben. Ich schrieb an die Universität:

Ach Gott, wie werdet ihr bestehen mit eurer hohen Schule, dass ihr so töricht und gewalttätig handelt wider das Wort Gottes, und mit Gewalt zwinget das heilige Evangelium in der Hand zu halten, dasselbige dazu zu verleugnen, wie ihr denn mit Arsacius Seehofer getan habt, und ihm einen solchen Eid und Vorschreibung vorgehalten, mit Gefängnis und Drohung des Feuers dazu gezwungen, Christum und sein Wort zu verleugnen. Ja, so ich's also betrachte, so erzittert mein Herz und alle meine Glieder. Was lehret dich Luther und Melanchthon anders denn das Wort Gottes? Ihr verdammt sie unüberwunden. Hat euch das Christus gelehret oder seine Aposteln, Propheten oder Evangelisten? Zeigt mir, wo es stehet, ihr hohen Meister! Ich finde es an keinem Ort der Bibel, dass Christus noch seine Aposteln oder Propheten andere gekerkert, gebrennet noch gemordet haben oder das Land verboten. Man weiß wohl, wiefern man der Obrigkeit gehorsam sein soll. Aber über das Wort Gottes haben sie nichts zu gebieten, weder Papst, Kaiser noch Fürsten …«

— »Frau Argula, welch ein Mut!«

»Das ist die ganze Wahrheit!«

Die Frauen rufen begeistert durcheinander.

»Hätte ich diesen Brief gelesen, vielleicht wäre ich viele Jahre später auch mutiger gewesen«, sagt Idelette leise. »Nun weiß ich, dass auch ein frommer Mann wie Calvin den Irrweg gegangen ist, andere um ihres Glaubens willen einzukerkern und zu verbrennen. Sein Eifer hat ihn verzehrt, hat auch seine Seele verzehrt. Und so geht es doch allen, die meinen, die Wahrheit zu besitzen – wie du es sagtest, Zellin!«

»Erzählt weiter, Frau Argula! Hat man Euch leben lassen? Sicher – Ihr wart eine Fürstin und nicht die Frau eines Gerbers. Trotzdem werden sie Euch verfolgt haben«, sagt Katharina Kreutter.

Argula nickt.

»Ja, ich habe büßen müssen. Zuerst aber schrieb ich den Brief noch einmal ab, legte einen anderen dazu und schickte am selben Tag beide an den Herzog.

Als meine Eltern gestorben waren, hatte Herzog Wilhelm mir einmal versprochen, wie ein Vater für mich zu sorgen. Darum hatten wir auch unseren zehnjährigen Sohn an den Münchener Hof geschickt und ihn der Erziehung des Herzogs anvertraut. Aber Väter sind oft uneinsichtig, wenn ihre Kinder eigene Wege gehen. Das wissen wir alle. Trotzdem konnte ich nicht an mich halten und stellte ihm dar, was jeder von uns wusste: Wie die Kleriker das Volk auspressten und mit Konkubinen Kinder zeugten. Wie die Menschen in ihrer Sündenangst und Seelennot keine Hilfe fanden. Wie um Ämter und Pfründen gefeilscht wurde.

O ihr Fürsten, sehet darauf, dass sie nicht also darin verderben. Euch gehört das Strafschwert und nicht den Geistlichen. Eure Fürstliche Gnaden helfe und rate sich und uns allen, dass Gott nicht seinen Zorn über uns schicke.

Und dann schrieb ich auch noch an den Rat von Ingolstadt. Aber keiner – keiner! – hat mir geantwortet. Ich war ja nur eine Frau und konnte noch nicht einmal Latein, nur auf Deutsch hatte ich die Heilige Schrift gelesen. Und dann diese Anmaßung! Unser Sohn Georg musste den herzoglichen Hof verlassen und stand eines Abends mit seinem Bündel vor dem Tor des Hauses. Er sah mich wütend an. ›Schande! Hurensohn!‹, hatte man ihm nachgerufen.

Doch denkt nicht, dass die Briefe deshalb im Verborgenen geblieben sind. Im Gegenteil: Eine Abschrift war nach Nürnberg gelangt und dort wurde sie gedruckt: *Wie eine christliche Frau des Adels in Bayern durch ihren in göttlicher Schrift wohlgegründeten Sendbrief die Hochschule zu Ingolstadt, weil sie einen evangelischen Jüngling zur Widersprechung des Wortes Gottes gedrängt haben, straft.*

Was dann geschah, habe nicht ich zu verantworten. Es war der Geist Gottes, der im Herbst 1523 durch Dörfer und Städte wehte und die Menschen aufhorchen ließ. Es war vielleicht auch die Vorrede des berühmten Andreas

Osiander, der jetzt meine Partei ergriff und allen Christen dringend riet, das zu lesen, was ich geschrieben hatte. So wusste man in Dörfern, Städten und am herzoglichen Hof, dass Argula von Grumbach der lutherischen Lehre anhing.

Und sie lasen meine Briefe und gaben sie weiter, von Hand zu Hand, von Markt zu Markt. Die dicken Frauen lachten und riefen: ›Endlich! Endlich sagt einer die Wahrheit. Ach, da kommt ja der Pfarrer, der seit einem Jahr keine Predigt gehalten hat!‹ Sie wurden nachgedruckt, überall in Bayern: Tausend, Zehntausend, Zwanzigtausend … Und wenn die Knechte des Bischofs sie den Leuten aus den Händen rissen, dann waren am nächsten Tag neue Blätter auf dem Markt.

So lernten sie mich kennen. Ich fuhr sogar zum Reichstag, der gerade in Nürnberg tagte. Da gab es erst wenige Fürsten, die mit der neuen Lehre ernst machten. Der Pfalzgraf lud mich ein und hörte mir zu, wie man sonst nur einem Mann zuhört. Ich sah den wackeren Kurfürsten von Sachsen und schrieb auch ihm einen Brief, weil ich ihn ermutigen wollte, die Verkündigung des Wortes Gottes weiter zu fördern und den heidnischen Priestern zu wehren, die von Gottes Gerechtigkeit nichts wussten. Aber bei diesem Reichstag sah ich auch in aller Klarheit, wie es um unsere Fürsten stand: Fressen und Saufen war ihnen wichtiger als das Ringen um eine Erneuerung der Kirche. Oft saßen sie in den Sitzungen und schliefen, während ihre Räte eifrig verhandelten. Mir war sehr bange um das heilige Evangelium, das ich jetzt mit so großer Freude in Luthers neuer Übersetzung las! Jede Schrift, die von Luther herauskam, ließ ich mir in Nürnberg beschaffen.

Luthers Brief zum Fall Seehofer brachte mich zum Lachen. Es dünke ihm, schrieb er, alle Säue, deretwegen man die Bayern verspotte, seien in die *berühmte Schule gen Ingolstadt gelaufen und Doktoren, Magistri und eitel berühmte Universität geworden.* Auch andere äußerten ihre Meinung. Ein anonymer Theologe machte sich über die Ingolstädter Professoren lustig und stellte in einer bösen Satire ihre Argumentation dar. Da beschreibt er, wie der Bedeutendste unter ihnen, die Zierde der Universität, zu der Erkenntnis kommt: Seehofer kann nicht recht haben, weil er behauptet, Frauen und Laien könnten Theologen sein. Theologen sind aber männlich und Frauen weiblich. Und der gebildete Verteidiger meiner Schriften fährt fort: Sie könnten Seehofer nicht widerlegen, weil sie selbst nicht wüssten, was in der Bibel stehe.

Nun, ich weiß nicht, ob die altgläubigen Herren wirklich so dumm waren, aber es fielen alle über mich her, die unsere alte Ordnung erhalten wollten, weil sie ihnen nützte. Die Männer, die sich mit nichts anderem brüsten konnten, als dass sie eben Männer waren, verfolgten mich mit wüsten Beschimpfungen. *Lutherische Hure*, schrieben sie oder: *ketzerische Hündin.*

In einem weit verbreiteten Hohngedicht hieß es:

Frau Argel, arg ist euer Nam,
viel ärger, dass ihr ohne Scham
und alle weiblich Zucht vergessen,
so frevel seid und so vergessen,
dass ihr eueren Fürsten und Herr

erst wollt einen neuen Glauben lehren.
Und euch darneben untersteht,
eine ganze Universität
zu strafen und zu schimpfieren
mit eurem närrischen Allegieren …

Dem Johann, der das schrieb, habe ich geantwortet:
Im Namen Gottes heb ich an
zu antworten dem kühnen Mann,
der sich Johannen nennen tut …‹

Er wollte nämlich anonym bleiben, ganz anders als ich, die ich immer mit vollem Namen meine Schriften unterzeichnete. Und weiter schrieb ich in meinem Gedicht:
›Dieser Meister von hohen Sinnen
will mich lehr'n Haushalten und Spinnen.
Tu doch täglich damit umgahn,
dass ich's wohl nicht vergessen kann …
Ihr gebt uns auch noch ein Bescheid
zu dienen in Gehorsamkeit
und unsern Mann halten in Ehr'n.
Es wär mir leid, sollt' ich's verkehrn.
Wo er mich aber wollte dringen
von Gott's Wort treiben oder zwingen
dass ich davon nichts halten sollt',
welches Ihr auch gerne wollt,
find' ich Matthäi geschrieben stohn,
am Zehnten, da lest davon,
ja, wir müssen treten ab

von Kind, Haus, Hof und was ich hab',
wer's über ihn liebt, steht gar frei,
derselbig sein nicht würdig sei ...

Schlimm wurde es vor allem für Friedrich. So schlicht und brav er war, so wenig verstand er, warum ich mich in theologische Streitigkeiten einmischte. Der Bruder des Herzogs befahl ihn zu sich und forderte ihn auf, in seinem Hause für Ordnung zu sorgen. Ordnung – das hieß, dass ich mich seinem Willen unterordnete und in der Öffentlichkeit stumm blieb. Es gab da Mittel, eine aufsässige Frau zu bestrafen. Ich wusste es wohl. Man nannte es ›Disziplinierungsrecht‹. So konnte ein Fürst ebenso wie ein Bauer seine Frau im Haus einschließen oder ihr sogar die Finger abhacken. Wenn er sie erwürgte, blieb er unbestraft.

Friedrich hat das alles nicht getan. Das dank ich ihm. Ich blieb bei meinem Bekenntnis zu Martin Luthers Lehre und war damit in der Familie eine Aussätzige. Wehren konnte ich mich nur mit der Feder, und so schrieb ich weiter Briefe, auch an meinen Onkel, den Adam von Törring, der sich um mein Wohlergehen sorgte – so wenig er auch verstand, warum ich mich allgemein der Verachtung aussetzte. Was war denn an diesem Luther, dass man seinetwegen solche Leiden auf sich nahm?

Man heißt mich lutherisch, ich bin es aber nicht, ich bin im Namen Christi getauft, den bekenne ich, nicht Luther. Aber ich bekenne, dass ihn Martinus auch als treuer Christ bekennt. Gott helfe, dass wir solches nimmermehr verleugnen, weder durch Schmach, Schand, Kerker, Peinigung, auch durch den Tod. Das helfe und verleihe Gott allen Christen ...

So waren meine Nächte ausgefüllt, ich saß in meiner Kammer und schrieb, bis die Kerze erlosch. An einem der letzten sonnigen Tage des Jahres stand ich am Fenster des Hauses und schaute den Kindern zu, die im Garten spielten. Da sah ich einen Reiter kommen, er hielt am Tor und übergab eine Schrift. Friedrich holte den Mann herein, ich kümmerte mich nicht weiter darum. Nach einiger Zeit hörte ich, wie die Tür zuschlug und sich das Pferd entfernte.

Gleichzeitig trat Friedrichs Diener in die Kammer, hielt den Kopf ein wenig schief und murmelte: ›Euer Herr verlangt nach Euch.‹

Ich trat in den Saal, wo Friedrich am Fenster stand.

Als er mich hörte, fuhr er herum und schrie: ›Hexe! Verdammte Hexe!‹ Er warf mir ein Blatt vor die Füße, auf dem ich das Siegel des Herzogs erkannte. Ich bückte mich nicht. Da hob er es selbst auf und las: ›... aus dem Dienst des Herzogs entlassen ...‹

Ich taumelte. Er zog sein Schwert und fuchtelte damit in der Luft herum. Ja, er hätte zustoßen können und wäre nicht bestraft worden. Ich war ja nur eine Frau, nur ein aufsässiges Weib. Meinetwegen wurde die Familie bestraft, ins Elend gestoßen.

Stundenlang hörte ich ihn noch nachts durch die Räume gehen, schimpfend. Die Kinder verkrochen sich. Ihre Amme sah mich vorwurfsvoll an.

Georg heulte. ›Ich will zum Herzog.‹ Dabei hatte er sich immer wieder über die strenge Zucht am Münchener Hof beschwert.

Ich flehte Gott um Hilfe an, und er gab mir die Kraft,

diese Zeit durchzustehen. Friedrich ging auf die Jagd und blieb tagelang fort. Ich musste unseren Aufbruch aus Dietfurt vorbereiten. Die große Frage war, wohin wir gehen sollten.

Es gab nur eine Möglichkeit: Wir mussten auf die Hausgüter der Grumbachs ziehen und von deren Erträgen leben. Die Stallknechte und die Köchin blieben im Altmühltal, nur die kleine Küchenmagd, die sich noch nicht so gut auf ihr Handwerk verstand, zog mit uns nach Lenting, nicht weit von Ingolstadt. Es fehlten mir in der alten, engen Burg die Bequemlichkeiten und die Mittel, die uns in Dietfurt zur Verfügung gestanden hatten. Friedrich sprach nicht mehr mit mir, mit irgendwelchen Bauerntöchtern trieb er sich herum.

So blieb mir die Folter erspart, aber es war ein harter Weg in die Einsamkeit. Luthers Briefe haben mich gestärkt und mir Mut gemacht. Und dann standen die Bauern auf. Ich war entsetzt darüber, was sie aus Luthers Botschaft herauslasen, und wagte nicht mehr, mich öffentlich zu äußern. Es zeigte sich, dass die Ordnung dieser Zeit nicht bleiben würde. Die Bauern wurden grausam niedergeworfen. Du hast uns davon erzählt, Katharina aus Mühlhausen. Und auch wenn die Fürsten gesiegt haben: Es blieb ein Stachel in den Herzen der Menschen.

Da mitten hinein kam die Nachricht, dass Luther 1525 endlich ernst machte und dich heiratete, Lutherin, denn das kam mir immer seltsam vor, dass er alle anderen verheiraten wollte und selbst den Schritt nicht wagte. Ich freute mich darüber und stellte mir vor, wie gut es eine Frau an der Seite dieses Mannes haben würde.

Seehofer übrigens ist aus dem Kloster Ettal entflohen und wurde evangelischer Pfarrer. Ruhelos ist er durchs Land gezogen und hat auch bei euch, Wibrandis, in Straßburg am Tisch im Hause Bucers gesessen. Ich habe ihn nie getroffen.«

— »Ihr, Frau Argula«, beginnt Anna Zwingli, »habt uns beneidet um die Gespräche in unseren Häusern, die feinen theologischen Diskussionen. Aber ich bin voll Bewunderung, dass Ihr eine eigene Meinung hattet. Eigentlich, das muss ich ehrlich gestehen, habe ich nie darüber nachgedacht, ob Zwingli in allen Fragen recht hatte. Wie ging es dir, Lutherin? Es gab ja einen großen Streit zwischen unseren Männern und es gab sogar Anhänger Luthers, die den Tod Zwinglis für ein Gericht Gottes hielten ...«

»Nein, nein! Das war Unrecht. Mein guter Martinus hat zwar gegen ihn gepoltert, wie es seine Art war, aber den Tod hat er ihm deshalb nicht gewünscht.«

Alle möchten jetzt die Meinung von Luthers Frau hören.

9

Vom Streit um das Abendmahl und warum der Wille nicht frei sein kann

— Nach einigem Zögern zuckt die Lutherin die Schultern und bekennt: »In diesen Streit habe ich mich nicht eingemischt, weil es mir selbstverständlich erschien, dass Christus in Brot und Wein gegenwärtig ist. So hatte ich die Messe mein Leben lang gefeiert, und selbst im Kloster hat mich der Glaube gestärkt, dass die göttliche Gnade mir ganz nahe sei. Wichtig war mir vor allem, dass ich nun auch aus dem Kelch trinken durfte, dass all das Gerede von der Unreinheit der Frau nicht mehr galt. Das Blut Jesu war auch für mich vergossen, und ob der Wein Blut war oder Wein blieb – das hat mich gar nicht berührt. Ich war würdig genug, durch Gottes Gnade gerechtfertigt, und hatte mit meinem Mund und meiner Zunge körperlich Anteil an dieser Gnade!«

»Nie werde ich mein erstes Abendmahl in der Stadtkirche vergessen«, sagt Elisabeth mit einem seligen Lächeln. »Auch für mich war nur eins wichtig: Christus gibt sich mir in Brot und Wein. Aus der Hand Bugenhagens nahm ich die Oblate. Und als er mir den Kelch bot, da zitterte ich am ganzen Körper. Nur ein paar Tropfen nahm ich auf, aber diese Tropfen waren das Unterpfand dafür, dass mich nun nichts mehr scheiden konnte von meinem Christus. Näher als durch Brot und Wein konnte er mir nicht kommen.«

»Die alte Kirche hat uns einen Teil des Sakraments vorenthalten. Ich habe nie verstanden, warum. Nach Luthers Lehre waren wir doch alle Geistliche, vom Geist Erfüllte. Das war das Neue. So hat es mir mein Philipp erklärt.«

»Und doch gab es erbitterten Streit«, beginnt Anna wieder. »Als Zwingli den evangelischen Gottesdienst in Zürich einführte, sagte er zum Entsetzen der Gemeinde nicht mehr ›Christi Leib‹ oder ›Christi Blut‹. Er sprach von der Gemeinschaft mit Christus und untereinander. Ich fragte ihn später danach, da schüttelte er nur den Kopf: ›Wie kann das Brot Leib sein? Wie kann der Wein Blut sein?‹«

Nun gehen die Stimmen durcheinander:

»Aber hat Jesus das nicht selbst gesagt?«

»Es kommt darauf an, wie wir seine Worte verstehen.«

»Das ist es! Und der eine versteht sie so, der andere so ...«

Die Frauen schweigen wieder und hängen ihren Gedanken nach.

»Es wäre wichtig gewesen, gemeinsam zu handeln. Sie haben es ja auch versucht, damals in Marburg. Mein Herr Doktor ist hingefahren, obwohl er sich nicht viel davon versprach. Er dachte nicht an die allgemeine politische Situation wie der Landgraf. Philipp von Hessen hatte Angst, dass sich die Protestanten untereinander bekämpften, statt dem Kaiser zu widerstehen. Und so hat er Luther herzlich gebeten …«

»Natürlich war Melanchthon an seiner Seite!«

»Und mein Caspar war auch dabei!«

»Zwingli als Wortführer der Schweizer.«

»Und Oekolampad, dem das Reisen gar nicht gefiel«, schließt Wibrandis die Aufzählung und fährt fort: »Es war ja Oktober und schon recht kalt. Da wäre er lieber in seiner Studierstube geblieben und hätte eine schriftliche Stellungnahme verfasst. Aber er musste mit an den großen Tisch, an dem zwei Fürsten saßen – der Landgraf Philipp und Herzog Ulrich, den sie aus Württemberg vertrieben haben. Gesagt haben die beiden wohl nicht viel, dafür hat der hessische Kanzler geredet, lang und ausführlich. Und dann – ich glaube, das war ein guter Trick des Landgrafen – musste Oekolampad mit Luther reden.«

»Und Zwingli mit Melanchthon. Nach seiner Rückkehr sagte er, dass mit Melanchthon immer gut zu reden sei, aber in der Sache bleibe er so hart wie Luther. Es lag dem Freund Luthers wohl auch daran, sich in dieser Frage nicht zu weit von der Papstkirche zu entfernen.«

»Ja, das sieht meinem Philipp ähnlich! Er konnte sich nicht an den Gedanken gewöhnen, dass es am Ende zwei Kirchen geben würde.«

»Also waren bei diesem Gespräch fast alle eure Eheherrn dabei! Vielleicht hätten sie euch mitnehmen sollen?«

Argulas Vorschlag bringt sie zum Lachen, aber die Zellin setzt hinzu: »Vielleicht, Schwestern, hätten sie uns nicht nur mitnehmen, sondern auch mitreden lassen sollen!«

Unvorstellbar, dass Frauen über die Abendmahlslehre sprechen! Und trotzdem – jetzt, wo kein Theologe sie daran hindern kann, jetzt werden die Ansichten deutlich, die sie damals vertreten haben.

»Ich hätte wohl in jedem Punkt meinem Huldreich zugestimmt. Nicht nur, weil ich ihn so liebte und schätzte, sondern weil ich auch meine: Er hatte recht! Wie kann das Brot zugleich der Leib Christi sein? Gott hat uns Menschen die Vernunft gegeben. Auch wenn wir wahrlich nicht immer vernünftig handeln, Gott will, dass wir verstehen. Und wir können nicht verstehen, dass Christus im Brot und im Wein ist.«

Da gibt es andere Meinungen. Es geht hin und her zwischen den Frauen.

»Aber Jesus sagt doch im Johannesevangelium, Kapitel 6: ›Ich bin das Brot des Lebens!‹ Sagt Jesus denn etwas Falsches?«

»Er meinte: ›Das bedeutet mein Leib.‹«

»Woher willst du das wissen? Die alte Kirche hat seit über tausend Jahren daran geglaubt, dass sich Brot und Wein in Leib und Blut Christi verwandeln. Deshalb durften wir sie ja auch nie berühren, vor allem wir Frauen nicht, weil wir ja gerade unrein sein konnten.«

Nun reden alle durcheinander.

»Aber mit den Irrtümern der alten Kirche hat Luther doch aufgeräumt. Warum blieb er dabei, dass Christus präsent ist in Brot und Wein?«

Elisabeth: »Präsent heißt nicht, dass sich Brot und Wein vor unseren Augen verwandeln! Das haben die Priester in der Messe uns vorgegaukelt, aber ich habe nie eine Veränderung bemerkt.«

Anna: »Natürlich nicht, es ist ein Bild, ein Symbol.«

Die Lutherin: »Woher soll es dann seine Kraft haben?«

Wibrandis: »Die Kraft kommt aus dem Geist.«

Elisabeth: »Gott will, dass wir fühlen.«

Katharina Melanchthon: »Christus ist im Brot, das Brot ist deshalb nicht Christus, denn natürlich können wir Christus nicht essen. Aber es ist mehr als das Brot auf unseren Tischen.«

Die Lutherin: »Kann er nicht überall sein? Darum auch in Brot und Wein?«

Die Zellin: »Das Abendmahl ist Gabe, ist Geschenk, Gemeinschaft mit Gott.«

Anna: »Wir feiern im Abendmahl unsere Gemeinschaft miteinander. Das Sakrament ist ein Bundeszeichen. Die Gemeinschaft mit Gott kann nur der Heilige Geist bewirken.«

So hat jede ihren Standpunkt, fast wie an dem großen Tisch in Marburg.

»Was meinst du, Katharina aus Mühlhausen? Du hast den Kelch genommen und gereicht – war es das Blut Christi?«

Die alte Katharina schweigt eine Weile. Doch sie lächelt ein wenig. »Ich habe mir keine Gedanken darüber gemacht, Schwestern! Ich bin eine einfache Frau, die weder lesen noch schreiben kann. Aber den Geist habe ich gespürt, den Geist, der frei macht. Als ich den Kelch reichte und selber daraus trank, da fühlte ich mich einmal, ja, einmal in meinem Leben von aller Last befreit. War Christus im Wein, im Brot? Ich weiß es nicht. Ich weiß auch nicht, was Gott will: Sollen wir verstehen? Sollen wir fühlen? Ihr seid so klug, wie eure Männer waren, aber wer kann denn sagen, dass er die Geheimnisse Gottes kennt?«

»Ja, du hast recht! Ich habe an meinem Tisch in Straßburg so viele gehabt, die alles über Gott wussten. Doch jeder wusste etwas anderes. Manchmal dachte ich bei mir, ob Gott nicht heimlich über die Theologen lacht, die ihm erklären, was er tut.«

Die Lutherin zweifelt: »Über die Marburger Gespräche hat der Vater im Himmel sicher nicht gelacht, genauso wenig wie wir, wenn sich unsere Kinder zerstritten, obwohl doch alle nur das Gute wollten.«

»Oekolampad war stolz, dass er am zweiten Tag mit Zwingli und Luther allein diskutieren konnte. Er war auch bereit, Luther einige Schritte entgegenzukommen. Aber Martin Luther schrieb die alten Einsetzungsworte ›Hic est corpus‹ (›Das ist mein Leib‹) mit Kreide auf den Tisch, wie Oekolampad mir erzählt hat: Nur was die Verehrung der Hostie anbetrifft, die Fronleichnamsprozession mit ihrem vielen Singsang und Kreuzschlagen und Knien und Aufstehen …«

»Ich habe sie als Kind so sehr geliebt«, wirft Frau Argula ein.

»Aber wir mussten doch erwachsen werden«, erwidert

Idelette, die bisher schweigend zugehört hat, und fährt fort: »Also die Prozession und die Verehrung der Hostie außerhalb des Abendmahls hat Luther abgelehnt? Calvin war derselben Meinung, aber auch *dass wir in Wirklichkeit der wahren Substanz des Leibes und Blutes Christi teilhaftig werden*, wenn wir im Gottesdienst zum Abendmahl gehen. Er hat es mir erklärt, und ich brauchte es nicht zu verstehen, denn darauf kam es nicht an.«

»Doch in Marburg gab es keine Einigung. Mein Herr Doktor kam sehr traurig zurück. Zwar hatten sich alle am Ende noch beieinander entschuldigt für die manchmal harten Worte in der Disputation, aber keiner konnte frohen Herzens auf den Wagen steigen, und ich denke, dass jeden von ihnen beim Rütteln und Schütteln des Wagens auf den grausamen Straßen noch manche Frage bewegt hat.«

»Es war nur gut, dass Bucer und Luther auf der Veste Coburg ein Jahr später doch noch zusammenkamen! Das Gespräch zog sich über Jahre. Wieder waren es die Straßburger, die einen Kompromiss suchten und fanden. Ich war stolz auf unsere Gemeinde, denn ich glaubte, so wie mein lieber Matthäus, dass Gott es verzeiht, wenn einer aus Liebe nachgibt, wo er recht hat. Das, was uns trägt, auch auf den steinigen Straßen unseres Lebens, ist doch die Liebe und nicht das Rechthaben.«

»Als es zur Einigung kam, war Huldreich nicht mehr dabei. Und sein Nachfolger Heinrich Bullinger blieb in Zürich, ihm war die Reise zu weit.«

»Leider! Vielleicht hätte auch er einen Weg gefunden, sich mit den anderen zu einigen«, sagt die Zellin.

Wibrandis fügt hinzu: »Mein guter Oekolampad ist

gestorben, bevor die Verhandlungen abgeschlossen waren. Und da kam ich als Ehefrau von Capito zu euch nach Straßburg. Dort wehte ein frischerer Wind als in Basel. Mit dir, Zellin, und mit Elisabeth Bucer saß ich oft zusammen und wir berieten, was wir beitragen könnten, um den Streit endlich zu beenden. Der Tod Zwinglis hat uns gezeigt, dass wir unsere Kräfte sammeln müssen. Später, als ich dann mit Bucer verheiratet war, hat er mir oft erzählt, dass ihm eines Nachts die Formel eingefallen ist, mit der er zuerst Melanchthon und dann auch Luther überzeugen konnte: dass nämlich Christus *in*, *mit* und *unter* dem Brot und Wein gegenwärtig ist. Die drei kleinen Wörter, sagte er, seien ihm von einem Engel eingeflüstert worden. Erzähle, Lutherin, wie es in Wittenberg endlich zur Einigung kam!«

»Sie wollten sich eigentlich in Eisenach treffen, um die Verhandlungen abzuschließen, aber dann kamen sie alle zu uns ins Schwarze Kloster, weil mein Herr Doktor krank war. Er war unterwegs, um mit den protestantischen Fürsten und Städten zu verhandeln. Da plagten ihn die schrecklichen Steine. Er mochte nichts essen, konnte kein Wasser lassen und sein gewaltiger Leib war aufgebläht, wie vollgestopft. Die Begleiter und die Ärzte glaubten, dass er sterben würde. Aber nach qualvollen Tagen endlich gingen die Steine unter vielen Schmerzen ab, und sie brachten ihn mir als einen Elenden und Kranken wieder nach Wittenberg.

Unter Hartleibigkeit hat er auch immer wieder gelitten, das war schlimm, denn von seiner Verdauung hing die gute Laune im Schwarzen Kloster ab. Ich wandte alle Mittel an, die ich in meiner Kräuterapotheke vorbereitet hatte. Gegen die Steine half Meerrettich. Manchmal konnte ich ihm mit Fenchel helfen. Aber es gab Zeiten, da war ich ganz verzweifelt, wie übrigens auch die Ärzte, und fragte ihn, ob es nicht etwas gebe, was er gern essen würde.

Da sagte er: ›Hering und Erbsbrei.‹

Stellt euch vor: Hering! Ich dachte: Es ist ganz egal, auch wenn Doktor Schlurff meint, er sollte nur Milchsuppe zu sich nehmen – ich machte ihm Heringe! Von Dänemark hatten wir ein Fass bekommen, der gute König vergaß uns nie. An dem Abend aß er die Heringe mit Erbsbrei, legte sich auf sein Bett, und als ich viel später zu ihm in die Schlafkammer kam, schnarchte er und schlief ganz fest.

Die Dämmerung weckte mich früh, er schlief immer noch und kam erst Stunden später in die Küche – mit festem Schritt. ›Ach, Käthe‹, sagte er, ›wie wohl hat Gott getan, dass er mir eine solche Herrin gegeben hat! Ich habe mich erleichtert, es geht mir viel besser.‹

›Mein lieber Herr Doktor‹, sagte ich und schnitt die Zwiebeln, die ich gerade aus dem Keller geholt hatte, ›wenn euch mit einem deftigen Hering zu helfen ist, so sollt ihr nie ohne Hilfe sein. Gott hat wahrlich wunderbare Geschöpfe gemacht.‹

Und wir lachten herzlich, obwohl mir der Zwiebelsaft die Tränen aus den Augen presste. Da durften dann die Kinder auch wieder ein bisschen lauter toben, und die Briefe, die er schrieb, waren ein wenig freundlicher. So war er, mein Martinus! Und glaubt mir, es wäre vieles in der Welt besser, wenn die Menschen eine ordentliche Verdauung hätten!«

— »Solche Gedanken hatte ich auch schon manches Mal«, gibt Melanchthons Frau zu. »Alle unsere großen Männer haben unter Kopfschmerzen gelitten oder hatten im Winter Schnupfen und Husten. Meinem Philipp fielen die furchtbarsten Krankheiten ein, wenn er in seinem Leib nur ein leichtes Unbehagen fühlte. Er vertrug manchmal das Gemüse nicht gut. Und wenn er Schmerzen hatte, dann war auch er nicht mehr fähig, mit einem andern Theologen verständnisvoll und freundlich Gespräche über Streitfragen zu führen. Wir Frauen haben ja auch Tage, an denen leicht Streit entsteht, wenn nur einer die Suppe zu salzig findet oder die Kinder mit einem Loch in der Hose hereinstürmen.«

»Seine Freunde sagten, Calvin habe oft Kopfschmerzen gehabt. Zu mir sprach er darüber kaum. Aber wenn er litt – und ich sah es an seinem Gesicht –, dann war er unnachsichtig, gegen sich selbst und jeden anderen. Vielleicht wäre es besser gewesen, er hätte über seine Schmerzen gesprochen. Doch er sprach nur über seine Angst vor der Pest und dass er sich fürchtete, den seelsorgerlichen Dienst an den Kranken zu übernehmen.«

Die Zellin empört sich: »Stattdessen hat er die Hexen gequält. Deine Geschichte kann ich nicht vergessen, Idelette, auch wenn er ein großer Mann war und von vielen als der Vollender der Reformation angesehen wurde. Aber das war erst nach Luthers Tod. Wir in Straßburg hielten an Martin Luther fest, vor allem, nachdem sich Bucer und Capito in Wittenberg endlich mit ihm geeinigt hatten. Du hast es erlebt. Erzähle weiter, Lutherin.«

»Ja, das war ein Auflauf in Wittenberg, ihr Lieben! Sie kamen aus allen Ecken, nicht nur aus Straßburg, sondern auch aus Augsburg, Memmingen, Ulm, Frankfurt. Verhandelt wurde im Schwarzen Kloster, aber unterbringen konnten wir sie nicht alle, sodass auch bei euch, Frau Nachbarin –«

— »Ja, leider!«

»– bei Bugenhagen, bei Justus Jonas und anderen freundlichen Mitbürgern in Wittenberg die Strohsäcke knapp wurden. Glücklicherweise war es Mai und schon warm, sodass auch die Süddeutschen nicht froren, denn das Wetter in Sachsen ist manchmal recht rau. Bei uns wohnten natürlich die Wortführer, Bucer und Capito, und noch andere wichtige Männer. Da hatte ich das Haus voll mit sehr klugen, aber auch sehr anspruchsvollen Leuten. Der eine brauchte eine dünne, der andere eine dicke Decke. Dem einen schmeckte mein Bier, der andere musste unbedingt Wein trinken – na ja, wenn man aus Straßburg kommt! Mein Essen schmeckte ihnen jedoch so gut, dass es keinen Streit mehr gab. Abends saßen sie gemütlich in der Stube zusammen, am Sonntag predigte Bucer in der Stadtkirche und alle fanden, dass er ein sehr kluger Mann sei … Das wollte was heißen in Wittenberg, wo immer gute Prediger wie Johannes Bugenhagen und Luther zu hören waren! Glaubt mir, wenn es in Marburg so gutes Essen gegeben hätte, dann wären sie vielleicht auch dort schon zusammengekommen!«

— Anna erwidert: »Aber Lutherin – Zwingli ganz gewiss nicht! Er legte keinen Wert auf Essen und Trinken. Auf andere leibliche Genüsse schon ... Und er wäre sicher auch auf die drei kleinen Worte nicht eingegangen. Eigentlich kann sich darunter auch wieder jeder etwas anderes vorstellen, und wir Schweizer meinten, es müsse für alles klare Begriffe geben. Als unsere Schweizer Theologen hörten, dass die Versammlung nach Wittenberg verlegt war, da verloren sie gänzlich den Mut. Sie meinten, wenn sie in Luthers Haus wohnen sollten, würde dort sicher an den Wänden stehen: ›Hic est corpus‹. Man sagte ja auch, dass die Frau Luther eine spitze Zunge habe und ihre Meinung jedem ins Gesicht sage, selbst den Gelehrten.«

Die Lutherin stimmt lachend zu. »So war es! Aber warum sollte ich schweigen? Manchmal wäre es dem Herrn Doktor wohl lieb gewesen, ich hätte mich zurückgehalten. Dabei habe ich ihn doch nur in seinen richtigen Ansichten bestärkt. Denn als er sich mit dem alten Erasmus von Rotterdam stritt ...«

»... den Zwingli sehr schätzte!«, wirft Anna ein.

»... da ging es um die Frage, ob der Wille des Menschen frei sei. Und ich sah jeden Tag, dass die Menschen so wie der alte Paulus immer taten, was sie eigentlich nicht wollten. Luther meinte, ihr Wille sei wie ein Pferd: Entweder reitet der Teufel darauf oder es wird von Gott gelenkt. Das hat mir eingeleuchtet, nur habe ich festgestellt, dass der Reiter oftmals wechselt. Meine Kinder kamen weinend zu mir: ›Mutter, ich wollte es nicht, aber der bunte Kreisel ist zerbrochen.‹ Auch die Verdauung, die Steine, das Unwohlsein in der Nacht – alles das macht uns unfrei, wenn nicht Gottes Gnade waltet und uns im Zweifelsfall den richtigen Hering schenkt!«

»Von Hering und Verdauung wollte Erasmus bestimmt sein Leben lang nichts wissen. Das hat er auch bei den griechischen Philosophen nicht gefunden.«

»So ist es. Er hatte keine Frau und keine Kinder. Was wusste er vom Leben?«

Alle lachen.

Und die Zellin fragt: »War Erasmus nicht das Kind eines Pfarrers?«

Anna weiß es. »Vielleicht hätte der Vater die Mutter des Erasmus geheiratet, wenn ihm die gute reformatorische Lehre schon bekannt gewesen wäre. Aber seine Kirche hat es ihm nicht erlaubt. Und so blieb Erasmus zuerst als Mönch und dann als Priester und Gelehrter in der Welt allein. Er hasste die Unruhe, jede Form von Gewalt, stattdessen las und lehrte er die alten Sprachen. Zwingli hat ihn in Basel einmal getroffen. Sie haben sich nur lateinisch unterhalten. Die Wissenschaft war seine Braut.«

»So wie es bei meinem Philipp war! Hätte uns Luther nicht mit viel Überredung zusammengebracht, er wäre bei seinen Büchern geblieben – und hat doch später oft gesagt, dass er Gott dafür dankt, nicht mehr allein zu sein. Wie liebte er seine Kinder! Einmal kam ein gelehrter Mann aus Frankreich. Er wollte kluge Gespräche mit dem berühmten Melanchthon führen – und fand ihn an der Wiege sitzend! Philipp hatte natürlich ein Buch in der Hand und in der anderen das Wiegenband, mit dem er unseren kleinen Georg schaukelte. Der gute Monsieur war zuerst ein wenig verlegen, weil er nicht wusste, ob er es wirklich mit dem bekannten Gelehrten zu tun habe. Aber Philipp lud ihn herzlich ein, sich zu setzen, schaukelte weiter die Wiege, und ich brachte den Herren einen Krug mit Wasser. Georg schlief, während die beiden Männer die Bedeutung griechischer Wörter erörterten. Erst als er aufwachte und zu schreien begann, nahm ich ihn mit in die Küche, wo die kleine Anna spielte.«

»So sind unsere Männer Väter geworden, ich meine: nicht nur körperlich.«

»Nicht alle, Lutherin, nicht alle. Meinem Matthäus und mir hat Gott diese Gnade nicht geschenkt, und auch Idelette hat ihren kleinen Sohn und das kleine Mädchen von Calvin verloren.«

»Aber auch die Trauer über ein Kind, das Gott in seiner unerklärlichen Allmacht wieder zu sich nahm, hat die Männer verändert. Überall da, wo Frauen nur Konkubinen waren, wo sich die Pfarrer Mädchen aus ihrer Gemeinde holten und die Fürsten nach den schönsten Bauerntöchtern griffen, als wären sie ihr Eigentum und nicht von Gott geschaffen, überall da herrschten die Sünde und die Lieblosigkeit. Das hat meinen Martinus so böse gemacht, dass er kaum Schimpfworte genug fand für die Unmoral der Kirche. Und zwar auf Deutsch!«

»Ich muss euch etwas sagen, das euch vielleicht erstaunt: Huldreich Zwingli ist selbst so tief gefallen, dass er als junger Priester mit einem Mädchen lebte. Als er aus dem Krieg in Italien zurückkam, fand er sie mit einem anderen. Er hat es selbst gestanden, als sie ihn baten, nach Zürich zu kommen. Aber die Chorherren des Großmünsters haben wohl darüber nur gelächelt, denn wer von ihnen hatte nicht irgendwo eine Frau und vielleicht sogar ein paar Kinder versteckt?«

»Ich habe es in Luthers Schrift gelesen und fast geweint vor Glück: *Daher will auch St. Paulus die edle Jungfrauschaft nicht haben, wenn sie erzwungen und unwillig geschieht, 1. Korinther 7.*

So ist es doch, Schwestern. Nicht nur die Frauen, auch die Männer quälen sich, mein Caspar hat es mir gestanden. Statt zu beten, verwirren sich ihre Sinne, statt zu predigen, folgen ihre Augen einer Frau, die vorübergeht«, sagt Elisabeth.

»O ja! Und das hat meinen Martinus und seinen Freund Melanchthon, wie du weißt, Nachbarin, in einen furchtbaren Konflikt gebracht. Der gute Landgraf Philipp kam nämlich in solche Nöte!«

»Erzähle, Lutherin!«

10

Wie einem Landgrafen in seiner Not geholfen wurde

»Er lebte auf seinem Schloss hoch über der schönen Stadt Marburg mit einer hochadligen Frau zusammen, die sich aus Krankheitsgründen ganz und gar zurückzog.«

— Katharina Melanchthon unterbricht die Lutherin:

»Ich weiß nicht, ob sie wirklich krank war! Wenn du das Bild des Landgrafen in seiner Leibesfülle gesehen hast – und wahrscheinlich roch er stark nach Pferd und Bier, ein aufrechter, aber auch ein wilder Mann, leidenschaftlich, kraftvoll und doch liebesbedürftig wie ein Kind –, dann konnte eine Frau wohl krank werden vor Abscheu. Außerdem war sie die Tochter des Herzogs Georg von Sachsen.

Ihr wisst, wie der unsere gute Lehre verfolgt hat. Und

wäret ihr in seine Hände gefallen – du und die anderen Nonnen, die aus Nimbschen geflohen sind –, so hättet ihr das Licht der Sonne bis an euer Lebensende nicht mehr gesehen. Dass sie als seine Tochter nun mit einem Mann leben musste, der sich Luthers Lehre anschloss, vermehrte sicher ihre Abneigung. Das alles hat mir mein Philipp in einer schlaflosen Nacht erzählt. Wochenlang raubte das Problem des Landgrafen ihm den Schlaf und er ging am Tag umher wie ein Gespenst, bleich und abwesend.«

Die Lutherin fährt fort:

»Ja, am Weihnachtsfest 1539 saß auch Luther oft in Gedanken versunken bei uns am Tisch. Die Kinder sangen fröhlich sein liebes, schönes Weihnachtslied ›Vom Himmel hoch, da komm ich her‹, und er starrte zum Fenster hinaus in den Schnee.

Dann stand er unvermittelt auf und sagte: ›Ich muss mit ihm sprechen.‹ Ohne sich den Mantel umzulegen, stapfte er über den Hof und die Straße zu euch, Nachbarin. Erst spät in der Nacht kam er wieder.

Das alles, weil Martin Bucer uns das Problem ins Haus gebracht hatte. An ihn, der sich in Straßburg und bei den Streitgesprächen so gut und menschenfreundlich verhalten hatte, wandte sich der Landgraf und bat darum, dass die Theologen ihm eine Nebenehe erlaubten – mit Zustimmung seiner Frau, der Landgräfin Christina. Seit Jahren lebe er in Sünde und gerate immer tiefer hinein. Schon die Ereignisse des Bauernkrieges hätten ihm gezeigt, welch ein großer Sünder er sei. Und so habe er sich selbst die Stärkung im Abendmahl verboten, auch wegen seines unmoralischen Lebens. Aber die Macht seiner Triebe sei stärker als alle guten Vorsätze. Vor Gott wollte er gerechtfertigt werden, das menschliche Urteil sei nicht entscheidend. Er berief sich auf die Patriarchen des Alten Testaments und eine päpstliche Erlaubnis für den englischen König Heinrich. Dem fehlte ein Erbe von seiner ersten Frau und der Papst erlaubte ihm tatsächlich, die Ehe aufzulösen und eine andere zu heiraten. Philipp wollte das seiner rechtmäßigen Frau nicht antun, zumal sie ihm Söhne geboren hatte. Sicher fürchtete er auch die einflussreiche Verwandtschaft, aber davon war natürlich in den Briefen nicht die Rede.

Die Argumente hat der Kanzler für seinen Fürsten schriftlich dargelegt und gebeten, Melanchthon und Luther mögen dem Landgrafen erlauben, das Fräulein Margarete von der Sale zu heiraten, wie man so sagt: ›zur linken Hand‹.«

— »Natürlich kam Bucer mit diesem Anliegen zuerst in Melanchthons Haus, denn vor Luthers Urteilen fürchteten sich auch die Theologen. Gemeinsam gingen sie dann zu euch, Lutherin, ins Schwarze Kloster, und es begann das Ringen um eine Antwort!«

»Wer war sie? Wer war das Fräulein von der Sale?«, fragen die andern.

Katharina Melanchthon zuckt die Schultern und die Lutherin gibt zu:

»Keiner von uns hat sie je gesehen. Es wurde nur erzählt, dass Philipp sie bei seiner Schwester, der verwitweten Herzogin Elisabeth von Sachsen, getroffen hat. Die Herzogin war eine kluge Frau, die heimlich unsere Sache unterstützte und mit ihrem Bruder enge Beziehungen pflegte, auch wenn das in der Familie ihres jung gestorbenen Mannes gar nicht gern gesehen wurde. Philipp musste am Hof in Dresden darum kämpfen, dass sie ihr Witwengut erhielt, das man ihr verweigern wollte, obwohl es einen schriftlichen Vertrag gab. Ohne ihn hätte sie wohl kaum das Schloss Rochlitz und dessen Umgebung als Wohnsitz und Gut erhalten. So war sie ihrem Bruder von Herzen dankbar. Und dann saß sie im Kreis ihrer Hofdamen mit dem Landgrafen zusammen, man plauderte, und da war eine, noch sehr jung, von zarter Gestalt, mit blitzenden Augen und ein wenig schelmisch. Eine, die einfach neugierig war auf das Leben und sich an dem sächsischen Hof unter dem strengen Herzog Georg langweilte.«

— Frau Argula mischt sich ein: »So ging es mir auch als junger Hofdame der Herzogin Kunigunde in Bayern. Aber wenn da einer mit solchem Anliegen gekommen wäre – sie wäre errötet, hätte mich ganz schnell aus dem Audienzsaal geschickt und sich beim Herzog beschwert. Man legte großen Wert auf Anstand und Sitte. Natürlich hatte auch Herzog Wilhelm seine Konkubine, doch die durfte nie vor den Augen des Hofes erscheinen. Das war der Herzogin gegenüber doch sehr rücksichtsvoll.«

»Aber war es nicht Lüge und Heuchelei?«, fragen die andern.

Und die Lutherin erzählt weiter:

»Philipp war ehrlich. Er hätte sicher die junge Margarete am liebsten gleich in seine Schlafkammer mitgenommen, aber er musste erst einmal hören, was seine Schwester dazu sagte. Sie hatte Verständnis, wollte jedoch nicht über die junge Frau bestimmen. Die Mutter des Fräuleins lebte auch am Hof in Dresden. Und so muss es ein denkwürdiges Gespräch zwischen der alten Frau von der Sale und dem Landgrafen gegeben haben:

›Sie ist noch sehr jung, Euer fürstliche Gnaden!‹

›Ich werde sie schonen, seid dessen gewiss!‹

Den skeptischen Blick der Mutter kann ich mir vorstellen. Wenn ich denke, es wäre eine von meinen Töchtern gewesen …

Aber dann ging es weiter, und die Frau wusste zu verhandeln: ›Nur wenn die Beziehung vor Gott und den Menschen bestätigt wird.‹

›Vor Gott: ja! Dafür will ich Sorge tragen. Vor den Menschen wird es schwer halten.‹

›So wenigstens am Hof in Marburg eine öffentliche Eheschließung. Sie mag im Land geheim bleiben.‹

Der Landgraf stimmte zu. Nun musste er aber die Zustimmung der theologischen Autoritäten aus Wittenberg beibringen.

Und da saßen sie, Luther und Melanchthon, und wussten: Philipp vertritt den guten evangelischen Glauben vor allen Fürsten, Papst und Kaiser. In seinem Land suchen die Gemeinden sich lutherisch gesinnte Prediger und feiern das Abendmahl in beiderlei Gestalt. Kaum irgendwo sonst ist so viel Offenheit für die neue Lehre vom Fürstenhof bis auf die Märkte. Lassen sie die Doppelehe nicht zu, könnte Philipp sich auch an den Papst wenden. Es hieß, man müsste ihn nur bezahlen, dann gäbe es schon eine Dispens.

Bleibt er bei seinem liederlichen Lebenswandel mit wechselnden Frauen, dann tut er zwar nichts anderes als die katholischen Fürsten auch, aber vor Gott ist er ein großer Sünder und verrät die lutherische Lehre, weil er sich nicht bessern will oder kann. Sein Seelenheil steht auf dem Spiel, wie auch den katholischen Heuchlern die ewige Verdammnis droht. Auf der anderen Seite wussten unsere Männer: Es wird ein Sturm der Entrüstung losbrechen, wenn die zweite Ehe ruchbar wird. So heuchlerisch die Moral der römischen Kirche auch war, sie könnten den Evangelischen nachsagen, dass sie die Ordnungen der Zehn Gebote und des Neuen Testaments übertreten. Viele einfache Christen würden – so wie damals die Bauern – die Botschaft falsch verstehen, wie es bei den Schwärmern und Freigeistern schon geschehen war. Es schien eine unlösbare Aufgabe. Und die Antwort, auf die Luther und Melanchthon sich einigten, war im Grunde ein ›Nein, aber …‹:

Es muss ein Mensch im äußerlichen Wandel seine Gliedmaßen auch selbst im Zaum halten, wie Paulus sagt: Gebet eure Gliedmaßen, dass sie Waffen seien der Gerechtigkeit. Darum wollen Eure fürstliche Gnaden in Anbetracht aller dieser Ursachen, des Ärgernisses, der anderen Sorgen und Arbeit und des Leibes Schwachheit diese Sache wohl bedenken, wollen auch mit seinem Gemahl zufrieden sein, wie viele andere in ihrem Ehestand Geduld haben müssen.«

— »Das ist die rechte Lehre! Gern hätte ich mir auch einen anderen Ehemann genommen. Doch nun erklärt mir das Aber! Wie wurde die Dispens begründet?«, fragt Frau Argula.

Die Lutherin gibt wieder, was die Männer dem Landgrafen rieten:

»So aber Eure fürstlichen Gnaden das unzüchtige Leben nicht lassen, weil sie schreiben, dass solches nicht möglich, wollten wir auch lieber, dass Euer fürstliche Gnaden in besserem Stande wäre vor Gott und mit gutem Gewissen lebte … Damit hatten sie das Gewissen Philipps entlastet, baten ihn aber dringend, *dass solches heimlich zu halten sei*, nämlich wie eine Beichte.

Als dieser Beichtrat mit einem Boten zwei Wochen vor Weihnachten abgeschickt worden war, begann die Gewissensnot der Verfasser. Den ganzen Winter über, wenn die Wolken niedrig über den Elbeniederungen hingen, quälten sie sich mit ihrer Schuld. Gleichzeitig kamen von allen Seiten die verschiedensten Anfragen, Vorwürfe, verzweifelte Bitten. Der Wucher vor allem von Adligen hatte zu einer Teuerung und Hungersnot geführt, mit all seiner Kraft wetterte Luther dagegen. Die eine Gemeinde wollte ihren Pfarrer loswerden, die andere wollte nicht, dass ihr Pfarrer fortgehe. Für alles und jedes mussten Luther und Melanchthon Rat und Hilfe finden. Und ich war schwanger!

Fünf eigene Kinder im Haus, dazu noch mal fünf, mal sechs oder sieben in Pflege. Tagaus, tagein die Treppen hinauf und hinunter: Da bin ich im Januar zusammengebrochen. Dies letzte Kind habe ich verloren, noch ehe es geboren wurde. Und danach war ich so schwach, dass andere den Haushalt führen mussten. Wäre nicht meine gute Köchin Dorothea tapfer gewesen, die Studenten, die zahlreichen Gäste, die klugen und gelehrten Männer wären hungrig geblieben.

Hilflos stand Luther an meinem Bett. Er betete verzweifelt, dass ich ihm nicht sterben solle. Vielleicht wäre es für mich ja einfacher gewesen, die Welt zu verlassen, so wie auch mein Martinus ständig wünschte, schon bei seinem Herrn Christus zu sein. Aber er sollte noch leben, Gott hat es gewollt. Und ich? Wenn ich die Stimmen der Kinder hörte, bat ich den Vater im Himmel noch um ein wenig Zeit. Maruschel war doch erst sechs Jahre alt. Und ich wusste aus eigener Erfahrung, wie es ist, wenn man keine Mutter hat!

Als die Tage langsam wieder länger wurden, nahmen auch meine Kräfte zu. Luther wurde als Pate zur Taufe eines Prinzen nach Dessau gerufen und wagte es, zu verreisen. Kaum war er zurück, stand ein Bote des Landgrafen in unserem Hof und brachte ein mehrfach versiegeltes Schreiben. Wir schickten ins Nachbarhaus, Melanchthon kam mit wehendem Rock herüber. Dann zogen sich die beiden in Luthers Studierstube zurück. Es dauerte lange, bis sie wieder herauskamen, schweigend. Melanchthon ging fort, ohne sich zu verabschieden, und Luther trat im Esssaal an den Kamin und warf das Papier hinein. Die Flamme zischte, als das Wachs verbrannte. Die Unterschrift des Landgrafen leuchtete auf und verglühte. Martinus stand davor und hielt die Hände gefaltet.

Philipp, der Landgraf von Hessen, mit dem sächsischen Kurfürsten der Anführer und Sprecher der Protestanten im Reichstag, teilte dem Doktor Martin Luther schriftlich mit, dass er am 4. März im Jahr des Herrn 1540 das Fräulein Margarete von der Sale geehelicht habe, im Beisein der Theologen Bucer und Melanchthon. Natürlich wusste Luther davon, aber eine schriftliche Erklärung des Landgrafen, das war mehr als man wollte, das hieß, die Sache an die Öffentlichkeit bringen. Dem Landgrafen schien es gleichgültig zu sein, er frohlockte über sein Glück und ging mit leichtem Herzen zum Abendmahl. ›*Ich weiß, dass es wider Gott nit ist*‹, schrieb er. Aber Luther wusste, was folgen würde. Es konnte nicht geheim bleiben. Und er hatte recht.«

— Katharina Melanchthon ergänzt:

»Es dauerte einige Wochen, doch dann hatte sich die Kunde von der Doppelehe des Landgrafen Philipp bis nach Sachsen verbreitet. Sogar auf dem Markt wurden wir angesprochen: ›Ach, führen die Lutherischen jetzt ein, dass ein Mann mehrere Frauen heiraten kann?‹ – ›Das ist ja wie bei den Türken.‹ – ›Hat denn die Frau Lutherin auch schon erlaubt, dass ihr Mann eine zweite nimmt?‹

Wir beide, Lutherin, du und ich als Frau Melanchthons, wir mussten bittere Worte hören. Aber schlimmer war, dass nun die katholischen Fürsten sich brüsten konnten, in ihrer Bibel stehe, dass der Mann seiner Frau anhängen solle. Von Konkubinen hatten sie nie etwas gelesen … Und der Kaiser fühlte sich als Wahrer von Recht und Ordnung.«

— »Trotz allem hatten eure Männer recht!«, mischt Wibrandis sich ein. »Auch Bucer hat mit sich gerungen, doch als er nach der Eheschließung in Hessen zurück nach Straßburg kam, war er dennoch frohgemut. Er sah den Landgrafen glücklich und wie von einer großen Last befreit. Auch das Fräulein von der Sale hauchte ihr Ja mit einem Lächeln im Gesicht. Sagte nicht Jesus zu den Pharisäern, als sie die Ehebrecherin steinigen wollten: ›Wer ohne Sünde ist, der werfe den ersten Stein?‹«

»Ja, Wibrandis, so ist es: Die Heuchelei der Geistlichen und Fürsten ist vor Gott offenbar und ich glaube gewiss, dass Philipp von Hessen vor dem ewigen Gericht bestehen wird, anders als die, die sich über ihn erhoben haben«, fügt die Zellin hinzu. »Die Wege des Herrn sind unerforschlich.«

Die junge Elisabeth hat lange geschwiegen. Jetzt ergreift sie wieder das Wort. »Schwestern, es ist so viel von Streit die Rede und von den Problemen zwischen Mann und Frau, wenn sie uneins sind über den Glauben. Aber haben wir nicht auch die Freuden der Liebe erlebt? Und war es nicht ein großes Glück, dass wir Männern zur Seite standen, die der Welt eine so gute Botschaft verkündeten? Lasst uns davon reden!«

»Dann erzähle von dir und deinem Mann!«

11

Von Liebe und Abschied

»Als Caspar und ich in Wittenberg getraut wurden, hielt der Doktor Martin Luther uns die Predigt. Da sprach er nur davon, dass Caspar im Schweiß seines Angesichts sein Brot essen müsse, und von mir: ›*Du sollst deine Kinder mit Kummer gebären. Diese Lektion hat Gott dir, Elsa, gegeben.*‹ Und dann fuhr er fort: ›*Nur ist eben das die Meinung, dass im ehelichen Leben Jammer und Not, Mühe und Arbeit ist, wie ihr dann beiden selbst wohl gelesen habt.*‹

Ich war recht erschrocken, als ich ihn so reden hörte, aber ich sagte trotzdem Ja und sah meinen Caspar an – der lächelte fröhlich und sah gar nicht aus, als fürchte er sich vor Mühe und Arbeit, Jammer und Not. Unser lieber Johannes Bugenhagen hat uns eine prachtvolle Hochzeitsfeier ausgerichtet. Mein Vetter war dabei und konnte meine Brüder und Schwestern überreden, dazuzukommen. Das war eine Freude! Nur mein Vater zürnte noch und wollte sich nicht abfinden damit, dass ich das Kloster verlassen hatte. Leider ist er darüber gestorben.

Caspar und ich hatten danach viel Freude aneinander. Wir staunten über die Seligkeit, die wir empfanden, wenn wir beieinanderlagen.

Später, als wir auf Geheiß Luthers und Melanchthons nach Magdeburg gegangen waren, fühlte ich mich recht einsam in der fremden Stadt. Caspar war Direktor der Johannisschule und ein wichtiger Mann, der immerzu raten und entscheiden musste. Ich vermisste meine Wittenberger Freundinnen. Da habe ich wieder an Luthers Rede gedacht und es hat mir geholfen, tapfer zu sein. Aber nach zwei Jahren durften wir nach Wittenberg zurückkehren, Caspar lehrte an der Universität und ich fühlte mich aufgehoben und geborgen.

Als er uns traute, wusste Luther noch nicht, wie viel Freude Gott den Menschen in der Ehe schenkt, denn da war er noch nicht verheiratet. Du, Lutherin, warst zwar gerade in Wittenberg angekommen, aber der Herr Doktor überredete nur alle anderen, sich ehelich zu binden. Er gab seinen ledigen Stand noch nicht auf. Später hat er dann anders gesprochen.«

— »Vielleicht hat er deshalb so schlecht von der Ehe geredet, weil er eigentlich eine Neigung gefasst hatte – zu Ave von Schönfeld, die mit uns aus dem Kloster Nimbschen gekommen war. Er hat es mir später gestanden, als wir zusammen waren. Ein junger Arzt hat ihm die Ave jedoch sehr schnell entführt. Und die beiden sind glücklich geworden. So wie ihr, Elisabeth!«

»Du aber hattest auch eine andere Hoffnung, Lutherin! Dein Hieronymus war ein schöner junger Mann aus dem reichen Nürnberg, wo Luthers Lehre in der hoch geachteten Familie Baumgärtner begierig aufgenommen wurde.«

»Ja, einen Sommer lang sahen wir uns fast jeden Tag, denn ich muss zugeben: Hieronymus hat seine Studien vernachlässigt, nachdem wir das erste Mal im Abenddunst an der Elbe spazieren gegangen waren. Er sagte, dass ich schön sei. Das hatte mir noch niemand gesagt. Er hielt meine Hand warm und fest, wenn niemand es sah, und zum Abschied hat er sie ganz zart geküsst. Wie Feuer brannten seine Lippen auf meiner Haut. Wer hatte mich denn je berührt? Keine Mutter hielt mich auf dem Schoß, kein Vater hat mich herumgetragen …«

»So war es, Lutherin, wir lernten keine Zärtlichkeit im Kloster. Ohne meinen Caspar hätte ich nie gewusst, wie das ist. Aber erzähle, wie es mit Hieronymus weiterging!«

»Von Tag zu Tag fühlte ich mich mehr zu ihm hingezogen, sodass mein erster Gedanke am Morgen war, ob ich ihn wohl sehen würde, und mein letzter, wann er wohl wiederkäme. Ich schämte mich, weil sich sein Bild in mein Abendgebet mischte. Ich versuchte, an etwas anderes zu denken, und kniete vor dem Gekreuzigten, der in meiner Kammer hing. Aber selbst das Leiden unseres Herrn Jesu vermochte nicht meine Gedanken zu fesseln. Zerstreut ging ich der Arbeit nach, die man mir auftrug, bis ich endlich seinen Schritt vor der Tür hörte oder sein Schatten bei meinem Gang durch die Stadt neben mir auftauchte. Immer lachte er, wenn er mich eingeholt hatte, immer leuchteten seine Augen, wenn ich ihn schamhaft begrüßte und nur kurz in sein Gesicht zu sehen wagte. Ach, was war ich schüchtern! Ich kannte doch keine Männer, ich hatte nur immer in die Gesichter der alten Priester gesehen, die uns in Nimbschen die Messe hielten. Und das war kein verlockender Anblick.

Bei unseren Spaziergängen erzählte er mir von seinen Eltern. Mir schwindelte, denn ich verstand, dass sie sehr, sehr reich waren. Er trug auch eine goldene Kette, wie ich sie nie an einem anderen Studenten gesehen habe. Als es Herbst wurde, sagte er mir, dass er heimkehren müsse. Aber er versprach wiederzukommen. Er wollte mich holen. Ja, er beschrieb mir den Wagen, mit dem wir nach Nürnberg fahren würden. Bequem sollte ich sitzen, nicht wie bei Herrn Koppe unter der Plane. Unterwegs würden wir die großen Handelshäuser besuchen, mit denen seine Familie Geschäfte machte, und man würde uns aufnehmen und die herrlichsten Speisen auftischen. Ich wusste nicht, ob ich ihm wirklich glauben sollte. Doch es war so schön, wenn er davon sprach.

Am Ende waren wir heimlich verlobt. Versprochen nicht vor der Welt, aber vor Gott. Man wusste es in Wittenberg, denn nichts bleibt dort verborgen, auch wenn du versuchst, dich zu verstecken. Er lachte auch nur darüber, dass ich vor dem Gerede der Leute Angst hatte – und vor dem Urteil des Doktor Martin Luther! So ging er selbst zu Luther und meinte hinterher, der sei froh gewesen, denn er müsse doch sehen, dass die entlaufenen Nonnen unter die Haube kämen.

Und so zog mein lieber Bräutigam fort. Das Herz blieb mir fast stehen, als ich sah, wie der Wagen auf der Straße nach Süden immer kleiner wurde. Am Himmel zogen die Schwalben und die Wildgänse. Herbstnebel stiegen auf. Mir war bange – und trotzdem glaubte ich daran, dass er wiederkommen würde.«

— »Wir im Hause Melanchthon haben darüber geredet, und mein Philipp meinte, die Eltern des jungen Hieronymus hätten sicher anderes vor mit ihrem Sohn, als ihn mit einer mittellosen sächsischen Landadligen zu verheiraten. Du hast ja nichts besessen, da die Familie deine Mitgift ans Kloster gezahlt hatte. Und im Süden Deutschlands ließen sich die Bürger längst nicht mehr durch einen Adelstitel beeindrucken. Sie wussten, wie erbärmlich sich viele kleine Adlige auf ihren heruntergekommenen Gütern durchschlagen mussten. Deshalb haben manche Städte auch den Bauernaufstand unterstützt.«

»Aber ich wusste von alldem nichts, ich wartete. Im Haus des Lukas Cranach habe ich mich darauf vorbereitet, einen Haushalt zu führen. Die stolze, schöne Barbara Cranach war meine Lehrmeisterin und Freundin. Sie wusste das Gesinde anzuleiten, die zwölf Gesellen des Meisters zu versorgen und doch auf Abstand zu halten. Wenn mich mein Martinus später ›Herr Käthe‹ nannte, dann hätte das noch viel mehr auf Frau Barbara gepasst, denn in ihrem Hause war sie die Herrin.

Der berühmte Meister hat manchmal geseufzt, denn sie wünschte sich Pelze und Schmuck, die sie sich auch zu beschaffen wusste. Im Ganzen jedoch war der Meister Cranach zufrieden, denn er wollte nur eins: malen! Er malte alles, was er sah, vor allem aber Menschen. Auch mich hat er gemalt, damit sie, wenn ich in Nürnberg leben würde, noch wüssten, wie ich aussehe. Er malte auch andere Frauen und malte sie nackt. Das waren dann Gestalten aus den griechischen Sagen. Aber er musste wohl christliche Modelle haben, denn wie sonst hätte er so gut gewusst, wie eine Frau aussieht? Ich habe manchmal davorgestanden und mich gewundert, wie schön diese Frauen waren. Dann fiel mir wieder ein, mit welcher Verachtung im Kloster von dem weiblichen Körper geredet wurde, als sei er hässlich und nur zum Verderben der Männer geschaffen. Da war ich froh, dem entronnen zu sein.

So verging der Winter. Es kamen viele Boten trotz Eis und Schnee nach Wittenberg ins leere Schwarze Kloster oder zu euch ins Melanchthonhaus oder zu euch, dem auch schon berühmten Caspar Cruciger. Ebenso klopfte es bei Cranachs oft an der Tür: Da gab es Aufträge für den Meister. Aber für mich kam keine Botschaft, keine Nachricht, und er hatte doch versprochen zu schreiben!

Ich tröstete mich damit, dass die Straßen schlecht und die Boten unzuverlässig seien, doch als es Frühling wurde, kamen die Schwalben und die Wildgänse zurück, nur Hieronymus kam nicht, um mich zu holen.

Da wurde ich krank. Es war eine Krankheit der Seele, nicht anders, als ich sie später bei meinem Martinus erlebt habe. Wie ein schwarzes Tuch lag es auf meinem Gemüt, nichts konnte mich erfreuen. Es stellten sich auch Magenschmerzen ein, für die es viele Mittel in Cranachs Apotheke gab, aber nichts wollte helfen. Frau Barbara versuchte es mit Johanniskraut, als das endlich zu blühen anfing, und der gute Pfarrer Bugenhagen redete mir zu, mein Schicksal ganz in die Hände des Herrn Jesus zu befehlen. Manchmal träumte ich, dass Hieronymus mich zu sich riefe. Aber immer war er weit, weit entfernt am andern Ufer des Flusses oder jenseits eines Berges. In meiner Not dachte ich dann, es wäre vielleicht besser gewesen, im Kloster zu bleiben, wo das Gleichmaß der Tage mir solche Schmerzen erspart hätte. Schließlich schrieb der Doktor Martinus einen Brief an Hieronymus, als es wieder Herbst wurde.

Er schrieb lateinisch, denn er wusste, dass Hieronymus klug und gebildet war. Luther nannte ihn auch den hervorragendsten Mann in Nürnberg. Das war sicher ein wenig geschmeichelt, aber er wollte ja etwas von ihm. Es ging gar nicht um mich, sondern um einen Bittsteller, der – wie so viele – den Doktor um die Vermittlung einer Stellung gebeten hatte. Da ihm der junge Mann durchaus gefiel und Nürnberg so reich war, schrieb er an Hieronymus, *seinen liebsten Freund in Christus,* und empfahl den Gregor Keser der Familie Baumgärtner. Dann schrieb er: *Übrigens, wenn Du Deine Käthe von Bora halten willst, musst du dich beeilen, bevor sie einem andern gegeben wird, der bei der Hand ist. Sie hat die Liebe zu Dir noch nicht verwunden. Ich würde mich wirklich freuen, wenn Ihr beiden miteinander verbunden würdet. Lebe wohl. Wittenberg am 12. Oktober 1524.*

Er hat mir den Brief vorgelesen, und das ›Übrigens‹ hat mich sehr verletzt. Noch mehr jedoch die Antwort, die schon nach wenigen Wochen eintraf. Ja, den Georg Keser habe man gut untergebracht. Das Fräulein von Bora möge jedoch nicht mehr auf ihn warten. Seine Familie habe andere Pläne mit ihm.

Da war es heraus, und Frau Barbara trocknete mit ihrem Tuch meine Tränen und versprach, mir einen ebenso schönen und klugen Ehemann zu finden. Aber wie sie das anstellen sollte, wusste sie selbst nicht.

So blieb nur der, den Luther ›bei der Hand hatte‹: Doktor Caspar Glatz, gewesener Priester, nun evangelisch geworden und auf der Suche nach einer Frau.

Er kam in die Apotheke im Cranachhaus, ein hageres Männchen, strich sich den Spitzbart und bewunderte meine Fingerfertigkeit beim Abfüllen der Tinktur, die er zum Einreiben brauchte. Dann hörte er wohl, dass das Fräulein von Bora noch nicht vergeben sei und Luther sich schon Sorgen mache, wie er für sie in ihrem Alter von 26 Jahren noch einen Ehemann und Versorger finden solle. Luther bat seinen Freund Nikolaus Amsdorf, ihn in dieser leidigen Angelegenheit zu unterstützen. Ich wurde in Amsdorfs Haus gerufen, ohne zu wissen, worum es ging. Und da schlug er mir vor – im Namen Luthers, wie er betonte –, den Doktor Glatz zu heiraten. Ich saß vor seinem großen Schreibtisch, auf dem sich die Papierberge türmten, und erstarrte.

Vielleicht, wenn ich Zeit gehabt hätte, darüber nachzudenken, wäre ich nicht so mutig gewesen. Wer war ich denn? Eine entlaufene Nonne, ohne Familie, ohne Mitgift. Was konnte ich für Ansprüche stellen? Einen Augenblick verschlug es mir die Sprache. Es war, als müsste ich noch einmal durch die von unsichtbarer Hand geöffnete Klosterpforte von Marienthron gehen – hinein in ein Leben, das ich nicht wollte. Aber ehe sich die Pforte hinter mir endgültig und für immer schloss, sagte ich laut und deutlich: ›Nein!‹

Amsdorf hatte schon nach einem Brief gegriffen, der gerade gekommen war. Ich spürte, er hatte Wichtigeres zu tun, als sich mit einem störrischen Weibsbild abzugeben. Doch als er aufsah, bemerkte er vielleicht die Entschlossenheit in meinem Blick.

Ich schlug nicht demütig die Augen nieder, ich sah ihn an. ›Nie und nimmer heirate ich den Doktor Glatz.‹

Das Seltsame war, dass er nicht fragte, warum. Er ließ das wichtige Papier, das er in der Hand hielt, fallen und lehnte sich in seinem Stuhl zurück. Schweigend sah er mich an. ›Also wollt Ihr Euch überhaupt nicht ehelich binden?‹, fragte er schließlich. Dabei trommelte er mit den Fingern auf seinen Tisch.

›Doch‹, sagte ich zögernd, ›doch! Wenn ein anderer – wenn Ihr oder der Doktor Martinus Luther mich heiraten wollten, dann würde ich nicht ablehnen, aber den Glatz nehme ich nicht.‹

›Gut.‹ Amsdorf stand auf. ›Ich werde Luther mitteilen, was Ihr gesagt habt.‹

Damit war ich entlassen. Als ich aus dem Haus trat, schien es mir, als ob ein kleiner hagerer Mann um die Ecke gehuscht wäre. Ich ging stracks über den Markt zum Cranachhaus hinüber und traf Frau Barbara in ihrer Kammer. Sie prüfte Stoffe, aus denen sie ein neues Kleid nähen lassen wollte.

›Was ist passiert?‹, fragte sie, als sie mich mit glühendem Gesicht eintreten sah.

›Ich soll den Doktor Glatz heiraten.‹

Sie lachte schrill. ›Den?‹

Und dann erzählte ich ihr, wie ich dem Herrn Nikolaus Amsdorf geantwortet hatte.

Da schlug sie begeistert die Hände zusammen: ›Käthe! Wie mutig bist du! Das war eine richtige Antwort!‹«

— »Sie hat recht, aber ich hätte das nicht gewagt.« Wibrandis schüttelt den Kopf und die andern stimmen ihr zu. »Wenn Luther dich fallen gelassen hätte, wenn er gesagt hätte: Dann sieh zu, wo du bleibst …«

»Mir war auch gar nicht wohl. Ich schluchzte abends in mein Kissen und hätte mich am liebsten im Kloster versteckt. Aber es gab keinen Weg zurück. Und immerhin – die Cranachs hielten treu zu mir. Ich ging Luther aus dem Weg. Im Gottesdienst saß ich mit den Cranachs unter der Kanzel und passte auf, dass die Kinder die Predigt nicht störten. Und da sangen wir: ›Ein feste Burg ist unser Gott …‹ Hilfe suchend sah ich zum Altar auf und befahl meine Seele dem Herrn Christus. Vor der Kirchentür hielt ich mich nicht lange auf, sondern lief schnell mit den Kindern der Cranachs in ihr Haus. So vergingen Wochen. Nichts geschah.

Der Doktor Glatz verschwand aus Wittenberg. Ich hörte, er sei nach Orlamünde gegangen. Später übrigens haben sie erzählt, dass ihn seine Gemeinde dort verjagt habe. Warum, weiß ich nicht. Ich wollte es auch gar nicht wissen.

Was dann kam, war ein langer grauer, kalter Winter. Ich half der Frau Barbara im Haus und war oft in der Apotheke. Dabei hatte ich viel Zeit, an Hieronymus zu denken. Wochenlang war ich krank und wollte auch gar nicht wieder gesund werden. Als die Tage wieder länger wurden und die Bäume von Knospen prall waren, erzählten sie auf dem Markt vom Aufstand der Bauern. Wir alle bangten, was daraus werden würde. Und da wurde Luther auch krank, noch schlimmer als ich, denn er fühlte sich nicht von einem Bräutigam, er fühlte sich von Gott verlassen.

Seltsam, nicht wahr, dass zwei so tief verletzte Menschen zusammenfanden? Und dass im Laufe der Jahre daraus ein tiefes Einverständnis erwuchs. Gott führt uns wunderbare Wege, auch über große Steine.«

Anna Zwingli hat wie die anderen aufmerksam und manchmal leise lächelnd zugehört. »Auch mein Weg war weit und voller wundersamer Wendungen. Niemand, der an meiner Wiege stand, hätte geglaubt, dass ich einmal die Frau eines bedeutenden Theologen werden würde.«

»Erzähle!«, sagen die anderen.

12

Die Geschichte einer Gastwirtstochter

»An einer der Straßen, die nach Zürich hineinführten, lag der Gasthof meiner Eltern, das Wirtshaus ›Zum Rössli‹. Meist kehrten Fuhrleute bei uns ein, spannten die Pferde aus und setzten sich zu einem Trunk in die Wirtsstube. Als kleines Mädchen lief ich zwischen den Tischen umher und wurde von den Männern geneckt. Später half ich meinen Eltern und brachte den Gästen die Krüge mit Wein.

Die Züricher kannten mich, denn ich ging oft mit meiner Mutter über den Markt, und die jungen Burschen schauten in der Wirtschaft vorbei, wenn sie ihre Arbeit getan hatten. So gab es mitunter kecke Bemerkungen und freche Hände. Da zog mir einer am Schürzenband und ein anderer griff mir sogar ans Mieder. Je älter ich wurde, desto mehr achteten meine Eltern darauf, dass ich mich nie zu weit von ihnen entfernte, wenn ich die Krüge an die Tische trug. Aber ich wusste mich auch zur Wehr zu setzen, schlug mal auf eine freche Hand oder wehrte mich mit der Faust, wenn einer mich an sich drücken wollte.

Unter all den groben und feinen, klugen und einfältigen Männern, die in unsere Wirtschaft kamen, fiel mir einer auf, der oft einkehrte, obwohl er kein Fuhrmann war. Reich gekleidet wie kaum ein anderer, kam er die Straße entlanggeschlendert und setzte sich dann still in eine Ecke der Wirtsstube. Wenn ich ihm den Wein brachte, dann versuchte er nicht, nach meiner Hand zu greifen wie andere, sondern sah mich nur mit einem liebevollen Blick an.

Einen Sommer lang kam er fast jeden Tag, blieb nie lange, wartete aber immer geduldig, bis ich ihm seinen Schoppen gebracht hatte, trank ihn rasch und ging wieder hinaus. Einmal jedoch blieb er, bis die Gaststube leer war. ›Willst du dich nicht ein wenig zu mir setzen?‹, fragte er.

Mein Herz klopfte, Vater und Mutter waren in die Küche gegangen. Da setzte ich mich neben ihn auf die Bank, rückte aber nicht zu nahe heran.

›Ich werde jetzt lange Zeit nicht mehr kommen‹, sagte er und drückte meine Hand so fest, dass ich leise aufschrie. ›Wirst du mich trotzdem nicht vergessen?‹

Ich antwortete, ohne nachgedacht zu haben, weil mir mein Herz die Antwort zuflüsterte: ›Ich werde Euch nie vergessen.‹

Da nickte er, stand auf und kam nicht wieder. In der Stadt erzählte man, dass der Herr von Knonau seinen Sohn zum Bischof von Konstanz geschickt habe. Aber darüber dachte ich nicht weiter nach, was ging mich der junge Herr von Knonau an?

Es war mehr als ein Jahr vergangen, als er plötzlich am hellen Mittag in der Gaststube stand. Meine Gedanken verwirrten sich. Ich wollte in die Küche entweichen, aber er kam mir nach und bat mich, ein paar Worte mit mir reden zu dürfen. So blieb ich stehen, das Gesicht rot glühend.

›Schöne Anna‹, sagte er, ›erlaube mir, mit deinen Eltern zu sprechen. Ich war lange fort, aber ich habe an dich gedacht, und zum Zeichen bringe ich dir ein kleines Geschenk.‹ Er zog eine kleine Schachtel aus der Tasche und gab sie mir.

Zögernd öffnete ich sie. Darin lag ein Ring mit einem Rubin verziert. Fast hätte ich die Kostbarkeit fallen gelassen. Ich stotterte: ›Nein –‹, und wandte mich Hilfe suchend nach meiner Mutter um.

Die kam auch schon schwitzend aus der Küche und sah uns beide erstaunt an. ›Geh!‹, befahl sie mir und nahm mir den Ring aus der Hand.

Ich flüchtete in meine Kammer.

Dann redeten sie miteinander, der Vater kam hinzu, der junge Mann verließ das Haus und ich wusste immer noch nicht, was geschehen war. Die Eltern waren schweigsam, aber nicht unfreundlich. Schließlich, spät in der Nacht, als die letzten lärmenden Fuhrleute die Gaststube verlassen hatten, riefen sie mich aus meiner Kammer, in der ich schlaflos lag. Sie fragten, was ich mit dem jungen Mann erlebt hätte, und ich konnte, ohne zu lügen, sagen: ›Ich habe nur wenig mit ihm gesprochen. Ich weiß nicht, wer er ist. Aber er ist mir sehr lieb.‹

Die Eltern glaubten mir und erklärten: ›Dieser junge Mann ist Johann Meyer von Knonau. Sein Vater ist Ratsherr und einer der reichsten Bürger der Stadt Zürich. Er möchte dich heiraten.‹

Es dauerte, bis ich mich fassen konnte. Die wohlwollende Art, wie meine Eltern über ihn und mit mir sprachen, beruhigte mich.

›Wir haben mit ihm vereinbart, dass er dich besuchen darf. Er wird seinen Vater um Erlaubnis fragen, dich zu ehelichen. Er weiß aber auch, dass sein Vater andere Pläne hat. Doch seine Absichten sind ehrlich, darum wollen wir euch nichts in den Weg legen. Nur versprich, dass du uns keine Unehre machst und wartest, wie sein Vater entscheidet.‹

Sein Vater entschied: ›Nie und nimmer heiratest du eine Gastwirtstochter!‹

Am selben Tag musste Johann zum Besuch bei einer adligen Familie in Thurgau aufbrechen und der Tochter dort seine Aufwartung machen. Er benahm sich der Familie und seinem Vater gegenüber sehr unhöflich und erklärte ihnen deutlich, er habe bereits eine Braut. Ohne Wissen seiner Eltern wurden wir einige Tage später vor Zeugen getraut. Da musste Johann den stolzen Hof seiner Eltern verlassen und mit seiner armen Gastwirtstochter ins Höfli ziehen, einem bescheidenen Haus in der Nähe des Großmünsters.

Und doch: Wir waren glücklich. Die Bürgerschaft achtete den jungen Mann, obwohl oder vielleicht weil er sich so selbstbewusst durchgesetzt hatte. Er wurde schließlich sogar von der Zunft der Adligen in den Großen Rat gewählt. Der Vater hat aber nie unser Haus betreten, und so sah er auch nicht unsere Kinder. Ein Jahr nach der Hochzeit wurde Margaretha geboren, dann Agathe und schließlich der kleine Gerold, den wir trotz allem nach seinem Großvater nannten.

Doch wir waren arm, und Johann verdingte sich als Söldner, wie so viele Schweizer. Immer wenn er fortzog, brach mir fast das Herz, und er versprach lachend, wiederzukommen, als ob er das selbst bestimmen könnte. Die Kinder sahen ihn viel zu selten, hingen aber trotzdem in großer Liebe an dem Vater, der ihnen immer nur als schöner, starker Mann begegnete, mit dem Schwert an der Seite. Allein mit der Magd und dem alten Knecht warteten wir oft lange auf seine Heimkehr, aber wenn er nach einem Feldzug in der Tür stand, sank ich selig in seine Arme.

Als Gerold drei Jahre alt war, schickte ich ihn an einem sonnigen Herbsttag mit der Magd zum Fischmarkt, während ich mit den Mädchen das Essen zubereitete. Da saß der Großvater in der Zunftstube und blickte aus dem Fenster auf das fröhliche Treiben. Er sah den Knaben rings um den Brunnen spielen. Die dunklen Locken flogen ihm um die Stirn, lebhaft griff er mit den Händen nach dem Wasserstrahl und lachte die Vorübergehenden an. Gerold sah seinem Vater ähnlich, was mein Herz immer wieder mit Glück und Freude erfüllte. Und diese Ähnlichkeit bemerkte auch der Großvater. Die Freunde, mit denen er zusammensaß, wussten besser Bescheid als er. Da ging ihm das Herz auf.

Noch am Abend kam ein Diener vom Hof der Knonaus. Ich musste ihm sagen, dass Johann auf einem Feldzug sei. Aber der Knabe …? Ja, das sei Johanns Sohn. Ob ich mit ihm einmal zu dem alten Herrn von Knonau und seiner Frau Regina kommen könne?

Johanns Mutter war gestorben, der Vater hatte wieder geheiratet, doch die Ehe blieb kinderlos. Als ich mit Gerold nun den Empfangssaal betrat, war mir sehr bange. Der Junge aber blickte sich fröhlich um, zeigte auf die Ahnenbilder, die an der Wand hingen, und glaubte in einem Jugendbild des alten Herrn seinen Vater zu erkennen. Als der alte Gerold den jungen eine Weile betrachtet hatte, sah ich Tränen auf seinen Wangen, die er schnell mit einem Tuch fortwischte. Und seine Frau schloss das Kind in die Arme und sah mich flehentlich an. Sie baten darum, dass Gerold bei ihnen aufwachsen möge, und versprachen, uns in jeder Weise zu unterstützen. Ich ging mit dem Kind wieder nach Hause und fühlte einen tiefen Schmerz. Aber ich wusste auch: Den alten Leuten würden wir die inständige Bitte nicht abschlagen können, zumal sich dadurch auch für unsere ganze Familie vieles verbessern würde.

Wenig später kam Johann vom Feldzug wohlbehalten nach Zürich zurück. Da musste ich die wenigen Habseligkeiten des Knaben einpacken, Johann nahm ihn bei der Hand und sagte ihm, dass er nun bei dem Herrn Großvater leben würde, aber jeden Tag auch zu uns kommen könne, um mit den Schwestern zu spielen. Dann gingen sie, und so kehrte im Hof der Knonaus Kinderlachen und Kinderfreude ein, während es bei uns stiller und leerer wurde. Gerold kam natürlich nicht jeden Tag, denn bald schon ließ der Großvater ihn von einem Hauslehrer unterrichten, aber er kam doch oft, schlang seine Arme um mich und flüsterte: ›Liebe Mutter‹, sodass ich meinen Schmerz allmählich überwand.

Ein paar Jahre später traf es mich noch viel härter. Da klopfte es an der Tür, es war schon spät und der Knecht ging mit einem Licht, um nachzusehen. Ich hörte, wie er aufschrie, und dann rief er nach mir. Als ich die Treppe herunterkam, sah ich im flackernden Licht zwei Männer. Der eine stand aufrecht, aber er hielt im Arm einen anderen, der nicht mehr stehen konnte. Und dieser andere war mein stolzer Krieger, mein Johann.

Schmutzig und kraftlos hing ihm das Haar auf die Schultern. Aller Glanz war aus seinen Augen gewichen. Die Zeit, die ich ihn gepflegt habe, die ich nachts an seinem Lager saß, das Fieber mit kalten Umschlägen zu senken versuchte, die eiternde Wunde wusch, immer wieder – diese Zeit hat mich verändert. Da war ich nicht mehr die schöne Anna Reinhart, die geliebte und liebende Gattin eines starken Mannes, nicht mehr die heitere Mutter der drei lachenden Kinder. Ich erlebte die tiefe Dunkelheit, das bange Fragen, die Todesnot des geliebten Mannes und fragte zum ersten Mal in meinem Leben selbst nach der Gnade Gottes. Was mir die Kirche an Trost bot, war wenig. Die Bibel kannte ich nicht. Das Gericht Gottes stand drohend vor meiner Seele. Ich wollte mich neben ihn stellen und hatte doch keinen Glauben und keine Hoffnung, die ich in die Waagschale werfen konnte.

Johann verfiel vor meinen Augen. Sein Sinn verwirrte sich. In einigen seltenen klaren Augenblicken griff er nach meiner Hand und versuchte zu sprechen. Es klang wie ›Anna, hilf mir‹. Und meine Tränen tropften auf sein glühendes Gesicht. Endlich, es war eine Erlösung, starb er. Und ich stand auf von dem Lager, auf dem ich ihn gepflegt hatte, und wunderte mich, dass die Sonne aufging, dass von der Straße her Lärm hereindrang, dass niemand innehielt, obwohl er doch gestorben war. Ich eilte ins Großmünster hinüber und ließ Messen für ihn lesen, soviel ich bezahlen konnte. Und ich zog zum ersten Mal ein Witwenkleid an.«

— Wieder einmal schweigen die Frauen, bis Idelette zu reden beginnt: »So hat Gott uns alle weite Wege geführt, vielleicht auch Umwege. Leider haben wir in der Schweiz nicht Freud und Leid geteilt wie ihr in Wittenberg oder ihr in Straßburg. Als ich zu euch kam, lag die Zeit der schweren Kämpfe schon hinter euch. Ein Jahr lang lebte ich in Straßburg als Frau von Calvin, aber – ich sprach seit meiner Kindheit nur Französisch. Für die französischsprachige Gemeinde predigte mein Eheherr in Sankt Nikolaus und dort traf ich die Glaubensgenossen aus Frankreich, mit denen ich mich verständigen konnte. Sie alle waren rastlos, Verfolgte auf der Suche nach einer neuen Heimat, während ihr eure Heimat gefunden hattet.

Wenn Calvin mich mitnahm in Bucers Haus oder an deinen großzügig gedeckten Tisch, Zellin, dann saß ich still dabei. Die Frauen sprachen deutsch, die Männer verständigten sich oft in Latein. Auch da konnte ich nur wenig folgen. Dir, Anna, bin ich nie begegnet, denn als ich mit Calvin nach Genf zog, hattest du bereits das Elend der Welt hinter dir gelassen. Eine mütterliche Freundin wie du hätte mir gutgetan. Erzähle uns, wie du zu Zwingli gefunden hast!«

»Ich wohnte weiterhin im ›Höfli‹ mit meinen beiden Töchtern. Der Schwiegervater starb nicht lange nach seinem Sohn, die Schwiegermutter bat inständig, ihr den jungen Gerold zu lassen. Der besuchte inzwischen die Lateinschule am Großmünster, und so kam er jeden Tag an unserm Haus vorbei.

Da zog etwa ein Jahr nach Johanns Tod der neue Pfarrer in die Amtswohnung neben uns. Man redete über ihn, denn er hatte sehr ungewöhnliche Vorstellungen von der Kirche, seine Lehre sollte in vielen Punkten der kirchlichen Tradition widersprechen.

Ich hörte ihn im Großmünster, und das Feuer, mit dem er sprach, berührte meine Seele. Das waren keine Formeln, keine altbekannten Drohungen und Ermahnungen, es war wirklich das Wort Gottes, das er predigte. Alle kirchlichen Gebräuche und alles, was von der Botschaft ablenkte, kritisierte er mit klaren Worten. Nur das Wort sollte unser Leben und Denken leiten, keine päpstlichen Gesetze, keine bischöflichen Zwangsabgaben. Gerold erzählte begeistert von dem neuen Lehrer, der sie nicht nur Latein lehrte, sondern ihnen auch die Botschaft von einem Leben im Einklang mit der Schrift verkündigte. Es schien, dass der Pfarrer an dem Jungen Gefallen gefunden hatte, denn er förderte ihn im Unterricht in ganz besonderem Maße und sagte mir später, Gerold habe ihn durch seine Aufmerksamkeit und seine frühen Einsichten beeindruckt.

Dann brach die Pest über uns herein. Ich erfuhr, dass Zwingli darniederlag, und machte mich auf, um ihn zu besuchen. Die Haushälterin öffnete mir die Tür, ging aber selbst sofort in die Küche und wollte sich dem Kranken nicht nähern. Da lag er und verlangte inständig nach ein wenig Wasser. Ohne lange nachzudenken, übernahm ich die Pflege und ließ die Haushälterin gehen. An seinem Bett sitzend erfuhr ich von ihm, wie er die Menschen zu der neuen Freiheit der Kinder Gottes führen wollte. Er entwarf Pläne für eine Gemeindeorganisation, in der die Bürger selbst miteinander um den richtigen Weg ringen würden. Erfüllt von Begeisterung für seine Aufgabe überwand er die Krankheit.

Als ich ihn nicht mehr auf seinem Lager, sondern in seiner Schreibstube zwischen den Büchern fand, verabschiedete ich mich und sagte, er werde nun wohl allein zurechtkommen.

Da sprang er auf, ergriff meine Hand und drückte sie heftig. ›Nein, Frau Anna, Ihr könnt nicht einfach so gehen. Ich bin zwar gesund, Gott hat mich hindurchgebracht, aber ohne Eure Pflege hätte ich vielleicht gar nicht um mein Leben gekämpft. Jetzt müsst Ihr an meiner Seite bleiben!‹

›Aber – Ihr seid doch Priester und zum Zölibat verpflichtet!‹

Er antwortete mit einem fast höhnischen Lachen: ›Als wenn die Priester keusch lebten! Sie missbrauchen Frauen und kaufen sich von ihrer Sünde frei. So soll es bei mir nicht mehr sein! Die Pfarrer werden heiraten dürfen! Diese Forderung steht auch in Luthers Schriften.‹ Dann setzte er sich wieder, bat mich, ihm zuzuhören, und fragte, ob ich bereit sei, diesen Weg mit ihm zu gehen. Ich wusste noch nicht, wie er das meinte. Da erklärte er mir: ›In Wittenberg und Straßburg sind schon etliche Pfarrer verheiratet. Der

Bischof von Straßburg hat sie zwar exkommuniziert, aber der Magistrat erkennt ihre Ehe an und sie leben in Frieden. So weit ist es in Zürich noch nicht. Wir müssen vorsichtig vorgehen. Doch wenn Ihr bereit seid, Frau Anna, so verspreche ich Euch, dass ich Euch zur Frau nehmen und achten werde als eine mir von Gott gegebene Gehilfin. Noch müssen wir im Stillen diese Ehe schließen. Doch der Tag wird kommen, an dem wir gemeinsam vor den Altar treten. Seid Ihr bereit?‹

Ich antwortete: ›Ja.‹ Und am selben Abend ließ ich ihn in mein Schlafgemach und wir vollzogen die Ehe in aller Stille, im Einverständnis miteinander und im Frieden mit Gott.

Meine Kinder liebten ihn als ihren Vater, und er vermittelte dem zwölfjährigen Gerold in Basel einen Lehrer, der ihn auf die Universität vorbereiten sollte. Im Jahr darauf kam es dann zu heftigen Auseinandersetzungen mit dem Bischof von Konstanz. Da wurde Zwingli auch der Gemeinde gegenüber deutlich und erklärte öffentlich, dass er das Zölibat ablehne. Mit mehreren anderen Priestern bat er den Bischof und die eidgenössischen Stände, ihn vom Zölibat zu befreien. Der Rat der Stadt gestand ihm die Ehe zu, im April 1524 traten wir als Ehepaar vor den Altar und im Juli durfte ich dann auch in seine Amtswohnung einziehen. Da war ich hochschwanger, und wenige Tage später wurde Regula geboren.

Aber es gab neue Schwierigkeiten: Die Familie von Knonau verweigerte mir nach der zweiten Eheschließung die Weiterzahlung meines Anteils an dem Erbe meines Johann. Ich habe es meinem tüchtigen Bruder zu verdanken, dass ich am Ende vor Gericht recht bekam und ich so die Kinder aus meiner ersten Ehe angemessen ausstatten konnte, denn Margaretha und Agathe kamen ins heiratsfähige Alter.

Auch in der Gemeinde wurde unsere Eheschließung nicht nur mit freudiger Anteilnahme aufgenommen. Ich galt als reiche Frau und hatte zudem das Recht, mich in Seide zu kleiden, weil ich durch meinen verstorbenen Mann zum Adel gerechnet wurde. Zwingli bat mich, schlichte bürgerliche Kleidung anzulegen, um der böswilligen Nachrede entgegenzutreten, er habe sich durch die Heirat mit einer reichen Witwe Vorteile verschaffen wollen. Es fiel mir nicht schwer. Die Seidenkleider verschwanden in der Truhe, wo sie am Ende von den Motten gefressen wurden, wie das schon in der Bibel geschrieben steht. Es dauerte jedoch nicht lange, bis ich statt Seide und der bürgerlichen Tracht einer reformierten Pfarrfrau wieder mein Witwenkleid anlegte.«

— Anna schweigt und hängt ihren Gedanken nach. Dann wendet sie sich Idelette zu: »Ja, als du in die Schweiz kamst, Idelette, hatten sie mich in Zürich schon zu Grabe getragen. So sind wir einander nie begegnet. Ich weiß nicht, warum du nicht in deiner Heimat geblieben bist. Du hättest ein ruhigeres Leben führen können.«

»Das hätte ich. Aber ob mir wohl das Glück der Liebe begegnet wäre, die mich mit meinem Jean Stordeur verband? Und ob ich die Gnade erfahren hätte, von Gott angenommen zu werden trotz meiner Sünde und Schwäche?

Als Jean starb, war mein einziger Trost, dass er gerechtfertigt durch die Gnade vor den ewigen Richter treten konnte. In seiner letzten Stunde hatte er noch einmal das Bewusstsein erlangt. Er lächelte mir zu und sagte: ›J'ai trouvé le chemin …‹ – ›Ich habe den Weg gefunden …‹ Und ich wusste, was er meinte.

Auch ich habe den Weg gefunden, den Calvin uns gewiesen hat. Aber es war kein leichter Weg.«

»Willst du uns deine Geschichte erzählen?«

13

Von der Einsamkeit in der Ehe

»Die gute Botschaft von der Rechtfertigung aus dem Glauben hat meine Eltern schon früh in Lüttich erreicht. Die stolzen und reichen Kaufleute de Bure verachteten den Klerus, der sich an den Bürgern bereicherte, und nahmen dankbar Luthers Lehre an. Aber die spanischen Herren bezwangen den Mut und die Herzen der meisten Menschen. Nur solche wie du, Katharina aus Mühlhausen, blieben standhaft. Mit meinem Jean Stordeur, dem Drechsler, war ich ohne den Segen der Kirche in leidenschaftlicher Liebe verbunden. Ihm galt ich als Frau so viel wie ein Mann. Er ließ nie zu, dass meine Meinung verachtet wurde, denn er wollte den falschen Glauben ganz und gar aus unseren Herzen verdrängen.

So verließen wir ebenso wie mein tapferer Bruder unsere schöne Heimatstadt, ließen all unser Vermögen zurück und wandten uns nach Süden, in die Schweiz. Aber auch aus Genf wurden wir damals verbannt. Dort dachte man reformatorisch, und wir bekannten uns zu den Täufern, den ›Wiedertäufern‹, wie sie sagten. So zogen wir weiter, heimatlos – nach Straßburg. Aus ganz Frankreich flohen die Gläubigen dorthin. Die Stadt nahm sie auf und trotzte dem Bischof die Glaubensfreiheit ab. Ein guter Ort, wie es uns schien! Zwei Kinder brachten wir mit und fanden Obdach bei meinem Bruder und Gemeinschaft bei den Täufern, die sich dort sammelten. Jean predigte ihnen mit großem Eifer und vertrat sie auch vor dem Rat der Stadt. Man hatte Calvin eingesetzt, um die französisch sprechenden Flüchtlinge zu betreuen. Mit ihm brütete mein Jean zusammen über der Bibel und ließ sich die Schrift erklären, die wir in Lateinisch nicht lesen konnten. Nächtelang saßen sie. Mit den Kindern zog ich mich ins Schlafgemach zurück.

Und eines Nachts kam Jean herein, rührte mich an, dass ich aufwachte, und sagte: ›Il a raison‹ – ›Er hat recht.‹

So schlossen wir uns seiner Gemeinde an und warben auch unter unseren geistlichen Brüdern und Schwestern dafür, ihm zu folgen, denn er hatte uns die Wahrheit seiner Lehre aus der Heiligen Schrift bewiesen. Aber viele von den Täufern vertrauten weiterhin auf die Eingebung des Geistes und ließen sich nicht davon abbringen. So kam es zu einer Spaltung. Und die meisten verließen Straßburg.

Dann brach die Pest aus. Und einer von denen, die mit ihr gehen mussten, war mein Jean Stordeur.

Calvin kam, um mir den Trost des Herrn zuzusprechen. ›Ihr dürft nicht weinen‹, sagte er zu den Kindern, ›euer Vater ist selig gestorben! Dankt Gott dafür mit Psalmen und Lobgesängen.‹

Meine Kinder jedoch wollten keine Lobgesänge anstimmen, sie saßen still am Totenbett und fürchteten sich vor der Zukunft.

Es hieß immer wieder, Calvin sei der Einzige der Reformatoren, der nicht geheiratet habe, da er nachts über seinen Büchern saß und Schriften verfasste. Ich konnte mir nicht vorstellen, dass eine Frau mit ihm zusammenleben könnte. Er war wohl selbst der Ansicht, denn er gab sein Bemühen um eine Adlige bald wieder auf, weil er spürte, dass ein Zusammenleben mit ihr ihn bei der Arbeit behindern würde.

Ihn nicht zu stören, ihn zu versorgen, ohne über hohe Preise, faule Mägde oder neue Mode zu klagen; da zu sein, wenn er Gäste ins Haus lud, und sie am Tisch zu bewirten, auch wenn es darüber Nacht wurde: Ich wusste, was eine Frau erwartete, die an seiner Seite leben wollte. Aber ich war mittellos, meine Kinder zu ernähren gelang mir nur durch die Unterstützung treuer Freunde.

Als er eines Abends zu uns kam, die Kinder hinausschickte und mich ohne Umschweife fragte, ob ich seine Frau werden wolle, bat ich um Bedenkzeit bis zum nächsten Morgen. Er meinte wohlwollend, ich sei ihm aufgefallen in meiner stillen Frömmigkeit, im Gottesdienst immer andächtig und hilfsbereit gegenüber allen, die Hilfe brauchten. Und beim Hinausgehen sah ich in seinen Augen etwas aufleuchten, was ich noch nie an ihm gesehen hatte, etwas wie Zärtlichkeit, als er mir eine Gute Nacht wünschte.

Ich verbrachte diese Nacht im Gebet. Meine Kinder, das wusste ich schon damals, würden ihn nicht lieben, aber ich hoffte doch, dass sie ihn achten könnten. So gab ich ihm Antwort und wir traten vor der ganzen Gemeinde an den Altar, auf dem die aufgeschlagene Bibel lag, und ließen uns segnen.

Er war rücksichtsvoll in unserer ersten Nacht und dankbar. Aber statt zu schlafen, stand er auf von unserem Lager und setzte sich noch einmal an den Schreibtisch. Er schrieb über das Sakrament des heiligen Mahles und lehrte mich schon am nächsten Morgen, dass Christus im Abendmahl geistlich gegenwärtig sei, wie es auch die Straßburger in ihrer Einigung mit Luther niedergelegt hatten. Dann klopften Besucher an unsere Tür, und ich sah ihn bis zum Abend nicht mehr. Mit der alten Madame du Verger, die ihm den Haushalt geführt hatte, besah ich die Zimmer und Keller und fand sie gut gefüllt. Aber ich wusste auch, dass all die Vorräte denen dienen sollten, die bei uns Zuflucht suchten: Es wohnten mehrere Flüchtlinge im oberen Stockwerk. So begann ich meinen Dienst, half den Kindern, sich zurechtzufinden, und war erleichtert, dass ich keine Sorge mehr zu haben brauchte um das tägliche Brot für sie.

Unter den Boten, die tagaus, tagein zu uns kamen, war auch einer aus Genf. Ich wusste, dass Calvin in Genf die reformatorische Lehre und eine von ihm entworfene Kirchenordnung eingeführt hatte, dass er aber vertrieben worden war. Nun baten sie ihn zurückzukommen, denn seine Gegner hatten sich als Verräter erwiesen und die gutwilligen Christen erkannten, dass seine Ordnung hilfreich sei.

Die Nachricht erfüllte ihn mit Stolz und Freude. Es war klar: Er würde nach Genf gehen. Und es war auch klar: Ich würde ihm folgen, wenn er für uns eine Wohnung gefunden hätte.

Mein Sohn wollte Straßburg nicht verlassen, aber Judith zog mit uns. Wir lebten wieder in einer französisch sprechenden Umwelt und waren nun nicht mehr Flüchtlinge und Fremdlinge. Ein gut gebautes Haus in der Domherrenstraße stand uns zur Verfügung. Aus dem Fenster sah ich mit Freude auf die wunderschöne Seenlandschaft, mit der Gott die Stadt gesegnet hatte. Und ich war die Frau Calvins. Die Genfer brachten mir hohe Anerkennung entgegen. Natürlich beobachteten sie mich auch, vor allem die Frauen, mit großer Aufmerksamkeit. Calvin brauchte mich nicht zu ermahnen: Ich kleidete mich schlicht, trug keinen Schmuck und freute mich doch, als der Freund Farel meine Schönheit lobte. Meinen Dienst im Haushalt versah ich zur Zufriedenheit meines Mannes und ich erwartete keine Aufmerksamkeit von ihm, denn ich sah, dass er vor bedeutenden Aufgaben stand.

Ich war schon schwanger, als ich von Straßburg aufbrach. Im Juli des folgenden Jahres wurde unser Sohn geboren. Ich dankte und pries Gott für dieses Geschenk, als die Hebamme ihn mir in die Arme legte. Calvin kam von einer Sitzung des von ihm eingerichteten Konsistoriums und schaute kurz herein. Er betete über dem Kind, das noch am selben Tag getauft wurde, und eilte zu einer weiteren Veranstaltung. Ich blieb in stiller Seligkeit zurück.

Eine Woche hat Gott mir dieses Glück gegönnt, dann starb unser kleiner Jacques. Zellin, du weißt, wie es ist. Du siehst in die Augen des Kindes und es scheint, als würden sich die Welt und der Himmel darin spiegeln. Und dann schließen sie sich wieder – für immer.

Calvin erfuhr es erst Stunden später, als er nach Hause kam. Er fand mich erstarrt an der Wiege sitzen, und um mich aufzurichten, lobte er Gott, dass er dieses Kind zu sich genommen hatte. Dann ging er wieder. Judith kam herein, umarmte mich und eilte rasch wieder hinaus. Sie hatte in Genf Freundinnen gefunden.

Ich blieb allein bei meinem Kind. Allein auch mit meinen Fragen. War es ein Strafgericht? Hatte ich mich versündigt? War ich nicht gehorsam genug, nicht bescheiden genug, nicht demütig genug? Hatte Gott, der Allmächtige, dessen Wille immer und unbedingt geschah, mich nicht angenommen? Ich hatte von Calvin gelernt: Wer bestimmt ist zur ewigen Seligkeit, dem wird die Gnade Gottes zuteil. Der Verlorene aber, der Verdammte entkommt seinem Schicksal nicht. War ich verdammt?

Calvin saß mir gegenüber am Tisch. ›Du sollst nicht trauern! Der Herr hat's gegeben, der Herr hat's genommen, der Name des Herrn sei gelobt.‹

Ich versuchte zu lächeln. Dann war wieder ein tiefes Schweigen zwischen uns, ein Abgrund, den ich mit der Kraft meines Herzens nicht überwinden konnte.

Aber er brach das Schweigen: ›Gott hat uns so viele Söhne geschenkt, all die Treuen, die Verfolgten, die aus Frankreich kommen und bei uns Zuflucht finden. Das sind unsere Söhne!‹

Ich nickte.

Als ich wieder schwanger war, wohnte die Angst in

meiner Stube. Wo ich auch ging: Sie war immer da. Im Gottesdienst saß sie neben mir, flüsterte: Du bist verdammt! Ich wagte nicht, den Mund zu öffnen, betete die Psalmen und schrie zu dem grausamen Gott, der mich nicht annehmen wollte. Das kleine Mädchen kam tot zur Welt. Ich gebar den Tod! Die Hebamme wusste es, sie nahm den winzigen Leichnam und trug ihn hinaus, ehe ich ihn gesehen hatte. Ich war von Sinnen und wollte auch sterben. Vor mir öffnete sich die Hölle.«

— »Aber Gott ist gnädig! Auch wenn unsere Kinder sterben. Wir wissen nicht, warum, aber er will uns doch trösten, wie einen seine Mutter tröstet!« Katharina Zell kann nicht mehr an sich halten. Sie kennt die Trauer, die Verzweiflung, doch nie hat sie geglaubt, dass Gott sie verstößt. »Ist nicht unser Herr Jesus Christus für uns ans Kreuz gegangen? Hat er nicht die Himmelstür für uns weit aufgestoßen? Gerade für uns, Idelette?«

»Ich weiß. Aber ich konnte es nicht glauben. Calvin sprach mir zu, ich gehörte doch zu den Erlösten, nie hätte Gott mich sonst ihm, dem Lehrer der Kirche, an die Seite gestellt. Jean Stordeur sei am Ende auch eingegangen in die Herrlichkeit der Auserwählten. Mein Zweifel sei Sünde, sagte er.

Es lag etwas schwer auf meiner Seele, das ich nicht abschütteln konnte. Auch körperlich war meine Kraft gebrochen. Ich erfüllte meine Pflicht, oft unter Tränen. Eine weitere Magd wurde eingestellt, weil ich zu schwach war, um den Haushalt mit den vielen Gästen zu bewältigen.

Häufig saß ich in Calvins Studierzimmer, wenn er schrieb, als könnte ich dort Schutz finden. Doch er redete nur über die Sünden der Menschen, erregte sich über den Widerstand derer, die sich der Kirchenzucht nicht unterordnen wollten. Riet dem Rat dazu, Todesurteile zu verhängen.

Die alteingesessene Bevölkerung Genfs duckte sich. Viele verließen die Stadt. Es waren die französischen Glaubensflüchtlinge, die mit Freude und Eifer die neue Ordnung durchsetzten. Sie brachten mit, was sie in der Heimat gelernt hatten, waren fleißige Weber, kamen recht bald zu einigem Wohlstand. In der Gemeinde überwachten sie einander, ließen keine Unzucht, keine Trunksucht, keine Völlerei mehr zu. Wer nicht zum Gottesdienst ging, nicht am heiligen Mahl teilnahm, wurde streng ermahnt. Die Auseinandersetzungen waren heftig, Calvin kam oft in großer Erregung nach Hause, aber er hat sich durchgesetzt. Auch als es um die Hexen ging.

Manchmal habe ich an unsere Straßburger Zeit gedacht. An eure großen Familien, Wibrandis. Wenn Calvin nach Straßburg schrieb, bat ich ihn, Grüße von mir auszurichten. Sie haben euch erreicht, aber ihr wusstet nicht, wie es mir erging. Calvin war mitleidig, vielleicht auch ein wenig verärgert, dass ich nicht genug Kraft hatte, ihn zu unterstützen. So ermahnte er mehr sich selbst als mich, meine Krankheit als Gottes Willen anzunehmen.

Ich weiß nicht, was für eine Krankheit es war, aber als ich immer schwächer wurde und schließlich mein Bett nicht mehr verlassen konnte, da wurde meine Seele ruhiger. Es war, als fiele ich immer tiefer hinein in die Liebe Gottes, je weiter ich mich von dem Streit und Elend der

Welt entfernte. So konnte ich am Ende meine Seele ihm befehlen. Die Freunde haben es gehört. Calvin kam erst, als ich schon gegangen war.«

— »Ja, Idelette, als Frau des berühmten Melanchthons verstehe ich dich gut. Sie haben die Welt bewegt, unsere Männer. Das habe ich mir oft gesagt, wenn ich einmal wieder enttäuscht war, wie wenig Anteil der gelehrte Professor an meinen kleinen und großen Sorgen nahm. Ich sollte immer alles dem Vater im Himmel befehlen, aber der Vater im Himmel hatte auch immer viel zu tun und konnte sich nicht darum kümmern, dass mir genug Speise für alle Gäste zur Verfügung stand. Doch als ich in meinen letzten Jahren unter großen Schmerzen litt, da war mein Philipp voller Anteilnahme. Nur sterben musste ich allein. So wie du. Der Melanchthon wurde überall gebraucht, er war in Heidelberg.«

Auch Käthe Luther weiß, wie es ist, die Frau eines bedeutenden Mannes zu sein.

»Wenn ich die Tante Lene im Schwarzen Kloster nicht gehabt hätte! Sie war immer da und verstand meine Sorgen. Bei den kranken Kindern hat sie gewacht und den gesunden Puppenkleider genäht und die Löcher in den Hosen geflickt. Fast zehn Jahre lang konnte ich mich zu ihr flüchten, wenn mir alles über den Kopf wuchs. Als sie gestorben war, merkte ich erst, wie viel sie mir abgenommen hatte. Vor allem, als wieder die Pest ausbrach und Luther mir die vier Kinder der Familie Münster brachte! Er sah mich flehentlich an, aber wusste auch nicht, was wir mit ihnen anfangen sollten. Sie standen im Saal, hielten sich aneinander fest, die Großen umarmten die Kleinen, und in ihren Augen stand eine solche Verzweiflung, dass ich nicht anders konnte: Ich hielt mich ein wenig entfernt, aber ich ließ die Betten richten und sie aßen an einem Extratisch in der Küche. Schließlich hatten wir noch viele andere Kinder im Haus, die Waisen von Luthers Schwestern und unsere eigenen. Luther wusste oft gar nicht mehr, was das für Kinder waren, die da im Hof tobten. Verwandte haben die armen Waisen der Münsters später aufgenommen, als keine Ansteckungsgefahr mehr drohte.

Oder als die Kurfürstin bei uns wohnte, Elisabeth von Brandenburg, eine gläubige Heldin, die vor ihrem Ehemann fliehen musste. Aber trotz allem war sie eine sehr anspruchsvolle Dame, umgeben von einem schlecht gelaunten Gefolge. Denen konnte ich nichts recht machen. Das Bett war zu hart, das Kissen zu weich. Es müsste besser geheizt werden. Man habe eine Maus gesehen. Und natürlich müsste es zum Essen öfter Wildbret geben – als wenn Luther auf die Jagd gegangen wäre! Nur zu Feiertagen hatten wir einen guten Braten auf dem Tisch. Wenn es Hirsch oder Reh war, dann kam es aus Torgau – als Geschenk von unserem Kurfürsten!

Luther mahnte mich zur Geduld, und ich bemühte mich nach Kräften, schließlich war die brandenburgische Kurfürstin eine Schwester des Königs Christian von Dänemark, dessen Ring ich in meiner Truhe verbarg.

Als sich dann aber auch noch die Tochter der Kurfürstin ankündigte, die Herzogin von Braunschweig mit ihrem Gefolge, da habe ich gesagt: ›Nein! Nein, Herr Doktor! Die Kammern sind voll, die Kurfürstin braucht so viel Platz, wo soll ich dann noch eine Herzogin unterbringen? Unsere Vorräte sind fast schon aufgebraucht. Ich habe kein sauberes Leinen mehr in der Truhe. Nein!‹

Er saß am Schreibtisch und sah mich an: ›Aber Käthe!‹

Ich ging aus der Tür und ließ sie laut ins Schloss fallen. Schließlich hat er einen Brief geschrieben und der Herzogin abgesagt. Es ist ihm schwergefallen, wo sie doch so energisch die Reformation in ihrem Land vorangetrieben hat. Später hat Luther sie im Schloss Lichtenberg getroffen, wo Elisabeth glücklicherweise eine angemessene Unterkunft fand. Sie brauchte nun mal ein Schloss, unser guter sächsischer Kurfürst hat es ihr zur Verfügung gestellt.

Als unser Lenchen starb, unser sanftes, zärtliches Töchterchen, da hat mein Herr Doktor mich in meiner Not allein gelassen. Er selbst konnte diesen Tod nicht verwinden, aber von mir verlangte er, dass ich mich ganz und ohne Fragen in Gottes Willen füge. ›Sie ist bei den Engeln im Himmel. Sie ist bei ihrem Vater, der sie noch viel lieber hat als wir‹, sagte er immer wieder. Und ich konnte mich nicht beruhigen und schluchzte neben ihm auf meinem Lager. ›Hör auf, Käthe, hör auf! Es ist Sünde!‹ Und dabei liefen ihm selbst die Tränen übers Gesicht.

Ich beklagte mich bitter, dass Hans nicht bei uns war. ›Du hast mir auch den Sohn genommen!‹

›Hans kann hier nicht lernen‹, schimpfte er, ›bei der Unruhe im Haus. Der Magister Krodel in Torgau kümmert sich um ihn. Hans bleibt in Torgau.‹

›Aber er weint um seine Schwester. Jetzt müsste er bei uns sein.‹

›Nie und nimmer soll er hier mit dir heulen. Schluss damit!‹ Luther stand auf, ging mitten in der Nacht an seinen Schreibtisch und schrieb dem Magister Krodel nach Torgau, dass Hans auf keinen Fall nach Wittenberg kommen dürfe. Er solle lernen, lernen, lernen, ein Mann werden, hart und stark.

Mir brach es fast das Herz, denn ich wusste: Hans war noch kein Mann, er war nicht hart und nicht stark. Er hatte seine Schwester sehr geliebt und fühlte sich verlassen an dem fremden Ort. Aber dafür hatte der Herr Doktor kein Verständnis.«

— »Ja, die Tränen um unsere Kinder habe ich auch allein in meiner Kammer geweint! Ob Oekolampad oder Capito – sie gingen traurig hinter dem kleinen Sarg. Sie trauerten, wie wohl früher niemals gelehrte Väter um Kinder getrauert haben. Aber wie kann ein Mann verstehen, was es für eine Mutter bedeutet, ihr Kind zu verlieren?«

Elisabeth nickt: »Es beginnt ja schon in der Schwangerschaft. Da wissen wir um das werdende Leben, wissen auch, dass es ein Geschenk ist und dass wir es oft wieder hergeben müssen, und gehen doch umher als Gesegnete.

Mein Caspar hat es sehr bald an mir gespürt. ›Du hast so ein Lächeln im Gesicht‹, sagte er. ›Ich werde wohl bald nicht mehr der Wichtigste in deinem Leben sein.‹

Da versprach ich ihm ein Mädchen, so schön, dass er mich gar nicht mehr ansehen würde. Und wir lachten herzlich miteinander. Stattdessen wurde ihm ein junger Caspar geboren.«

Daran erinnert sich die Lutherin gern: »Als ich zum

ersten Mal spürte, dass sich etwas in meinem Körper verändert, dachte ich: Mit Elisabeth muss ich sprechen – sie weiß, wie es ist! Und so hast du eher davon erfahren als mein Martinus und die Tante Lene.«

»Nach der Weihnachtsmesse hast du mich vor der Kirche beiseite genommen. Als ich dich ansah, ahnte ich schon: Auch du bist gesegnet! Und ein paar Wochen später wusste ich, dass ich ein zweites Kind empfangen hatte. Wir saßen oft beieinander, du und ich, machten Handarbeiten und schauten dem kleinen Caspar zu, der neben uns spielte. Es waren glückliche Stunden!«

Doch für Katharina Luther bedeutete es noch mehr. Und sie erzählt:

14

Wie Kinder auf der Welt empfangen wurden

»Euer Haus war eine Zuflucht, eine Burg für mich! Diese Monate, Elisabeth, als ich Hans erwartete und es sichtbar wurde, da schien es mir, als säße in Wittenberg auf jedem Dach ein Teufel. Die Gesichter der Marktfrauen verzogen sich zu einem merkwürdigen Grinsen, wenn ich vorüberkam. Ich wusste, sobald ich weitergegangen war, fahren die Köpfe zusammen, gibt es ein Tuscheln, ein bösartiges Lachen, ein Hin- und Herwiegen der Köpfe: ›Wenn Mönch und Nonne ein Kind zeugen, ha, das wird aussehen!‹ – ›Wahrscheinlich ist der Bauch dicker als der Kopf!‹ – ›Wenn es nicht zwei Köpfe hat.‹ – ›Oder drei Arme.‹ – ›Nein, es wird ganz normal aussehen, aber wenn es die Augen aufmacht, kommen Blitze heraus ...‹

›Lass sie doch reden‹, sagte Tante Lene.

Und Martinus ermahnte mich nachdrücklich: ›Käthe, wenn du an Gott, den Vater Jesu Christi, glaubst, dann ist dieses Gerede für dich nur wie das Sausen des Windes oder das Rauschen eines Wasserfalls! Die Dummheit der Menschen ist schlimmer als die Pest.‹

Aber du, Elisabeth, hast verstanden, welche Ängste ich gelitten habe. Wenn nur irgendeine Fehlbildung an dem Kind wäre – sie würden sagen, es sei der Antichrist. Wenn es rote Haare hätte, würden sie sagen: ›Da sieht man, dass es aus der Hölle kommt.‹

Wie schon im Kloster habe ich geträumt, dass ein Heer von Teufeln mich in die Flammen hinabreißt. Und dann spürte ich die Regungen, fühlte den kleinen Fuß gegen meine Hand drücken und wusste: Es ist doch ein Kind, ein Geschenk Gottes, ein Kind empfangen unter dem Segen, den wir als Eheleute erfleht haben.

Doch je näher die Zeit der Geburt herankam, desto mehr trieb die Angst mich um. Und wer konnte mir helfen? Die liebe Tante Lene hatte selbst nie ein Kind zur Welt gebracht. Die Hebamme würde erst kommen, wenn wir sie riefen. Aber du warst da, hast mir erzählt von den Schmerzen, wie anstrengend es war, dass du geschrien hast, obwohl du doch tapfer sein wolltest, und wie es dann so schlimm wurde, dass du meintest, dein ganzer Leib würde zerreißen: das Aufbäumen und In-sich-zusammen-Sinken. Und dann plötzlich ein Schrei, der nicht von dir kam! Das, was in deinem Leib gerissen und getobt hat, fällt in sich zusammen. Du reißt die Augen auf und siehst, blutig noch, zusammengekrümmt: dein Kind! Ja, so hat Gott es gewollt, um Eva zu strafen. Und auf einmal ist es keine

Strafe mehr, sondern ein Glück, eine Seligkeit ohnegleichen. Du hast es mir geschildert, und als es so weit war, bist du zu mir gekommen und konntest doch nicht bleiben.

Es hat lange gedauert. ›Das ist so beim ersten Mal‹, sagte die Hebamme. Sie legte sich noch ein wenig schlafen.

Ich biss die Zähne zusammen. Nur immer der eine Gedanke: ein Kind von Gott geschenkt, ein Kind ohne Male des Teufels! Martinus trat an mein Lager. Er stand hilflos da und wollte mir gern etwas Gutes sagen, aber selbst ihm, der so viele gute Worte machen konnte, fiel nichts ein. In der Küche hatten sie die Zuber mit Wasser gefüllt und Töpfe auf dem Herd stehen. Tücher lagen bereit. Ich nahm nichts mehr wahr davon. Nur Tante Lene, die meine Hand hielt.

Am Ende ging es dann doch schnell. Ich hörte mich schreien und wusste: Das ist so. Jetzt rannte die Hebamme. Und dann, dann fühlte ich, wie das Kind heraustrat aus meinem Leib und zwischen meinen Beinen lag. Da konnte ich noch nichts sehen, ich sah nur in die Gesichter der andern, ob die sich verzogen vor Entsetzen – aber sie lächelten.

›Ein Sohn!‹, rief Tante Lene und beugte sich über mich, strich mir das Haar aus der schweißnassen Stirn und sagte ganz ruhig: ›Was für ein schönes Kind!‹

Es dauerte eine Weile, ehe sie ihn mir in den Arm legten. Ich hörte den Herrn Doktor draußen vor der Tür laut sprechen. Nein, er wollte nicht zu mir, er wollte nur genau wissen, ob alles gut sei. Dann hörte ich, wie sich seine Schritte entfernten. Er ging in sein Arbeitszimmer.

Mein Hänschen schrie kräftig. Tante Lene lachte. Und

endlich, endlich hielt ich ihn im Arm und stammelte leise, dass es keiner hörte: Danke! Danke! Danke!

Luther hat es dann in die Welt geschrieben, die Freunde, die Feinde überall in Deutschland und bis nach Dänemark erfuhren es und sagten zueinander: ›So ist es doch nicht wahr, dass der Antichrist auf die Welt kommt, wenn Mönch und Nonne ein Kind zeugen.‹

Als du hereinkamst, Elisabeth, hast du in meinen Augen gesehen, wie glücklich ich war. Aber natürlich wusstest du es schon, denn kaum ein Blitzschlag ist so schnell durch Wittenberg gefahren wie die Nachricht: Mönch und Nonne haben ein schönes Kind!«

— Frau Argula hat aufmerksam zugehört. Bei ihr war es ganz anders: »Friedrich befand sich auf der Jagd, als Georg, unser erster Sohn, geboren wurde. Bei den Grumbachs war es nicht üblich, sich um Weibersachen zu kümmern – und die Geburt war eine Weibersache. Ich kannte es nicht anders. Auch mein guter Vater hatte mit seinen ritterlichen Händeln zu tun, als ich zur Welt kam. Später sprach er gern mit mir, als ich, wie er sagte, ›vernünftig‹ geworden war. Ein neugeborenes Kind, nein, das war nicht wichtiger als ein edles Fohlen. Es sind auch mehr Säuglinge gestorben als Kälber. Wenn der Erstgeborene ein Sohn war, freute sich der Vater und hoffte, dass er am Leben bleiben würde. War es eine Tochter, nahm man es nicht so genau. Also schenkte Friedrich mir einen Ring, als er nach ein paar Tagen an mein Bett kam und den Stammhalter begutachtete. Wenn bei euch der Mann an der Geburt eines

Kindes Anteil nahm, Schwestern, war das etwas Neues, Unerhörtes – wie so vieles in unserer Zeit.«

»Zwingli war nicht auf der Jagd«, sagt Anna, » sondern bei einem Religionsgespräch in Bern, als unser kleiner Huldreich zur Welt kam. Als er zurückgekehrt war, legte ich ihm den Sohn in die Arme und er hielt ihn voller Angst, etwas falsch zu machen. Mit einem Säugling konnte Zwingli nicht umgehen. Erst wenn die Kinder älter wurden, staunte er darüber, wie sie die Welt entdeckten. Und zu seiner großen Verwunderung bemerkte er, dass ein Kind auf Musik hört, dass sein schreiender Sohn ruhig wurde, wenn er ihm auf der Laute vorspielte. Einmal warf ihm der Generalvikar aus Konstanz vor, er beschäftige sich zu viel mit der Musik, die doch weltlich sei und den Geist ablenke. Schließlich hatte Zwingli es so gelehrt, und im Gottesdienst wollte er auch keine Musik mehr zulassen, denn es kam ihm auf das Wort an, allein auf das gute Wort Gottes, den Quell aller Offenbarung. Aber bei den Kindern spürte er, dass die Musik ihnen wohltat. Und so nahm er dann doch wieder die Geige zur Hand und die Laute, die er beide recht gut spielte, und half mir, die Kinder zur Ruhe zu bringen, die ja auf das Wort noch nicht hören konnten.«

»So haben wir es auch erlebt im Schwarzen Kloster: Wenn der Vater spielte und mit den Kindern sang, dann schien der Himmel ein Stück aufzureißen, und es wurde uns allen wohl. Für Luther war die ›Musica‹ ein Geschenk Gottes, das uns half, die Wirrnisse des Lebens zu ertragen.«

Wibrandis stimmt ihr zu:

»Es war immer gut, wenn der Vater mit den Kindern sang. Die Lieder, die du, Zellin, in deinem Gesangbuch zusammengestellt hast, haben uns durch gute und schlechte Zeiten begleitet. Als Bucer in Köln die Reformation einführen sollte, kam sein Martin zur Welt. Da mussten wir, als das Kind von deinem Matthäus getauft wurde, ohne den Vater singen. Du hast mit deiner kräftigen Stimme unseren Gesang angestimmt. Du warst wie immer an meiner Seite, bei der Geburt und in den Tagen danach.

Endlich im September kehrte der Vater zurück. Gemeinsam traten wir an die Wiege. Der Kleine lachte schon und sah den fremden Mann mit großen Augen an. Tränen liefen meinem Bucer über die Wangen, und er drehte sich schnell um und wischte sie ab – ein Mann weint doch nicht, auch nicht vor Dankbarkeit und Glück, auch nicht an der Wiege eines Neugeborenen, das ihm nach so viel grausamem Tod geschenkt wird. Dabei war Bucer von all den Vätern meiner Kinder der liebevollste und treuste. Wie hat er sich um den armen Nathanael gesorgt, der uns noch ein paar Jahre erhalten blieb als Einziger von den Kindern der seligen Elisabeth. Der Junge saß meist nur still in einer Ecke, manchmal lachte er und niemand wusste worüber. Sein Lallen konnten wir nicht verstehen, nur ich hörte etwas wie ›Mutter‹ heraus, und ich weiß nicht, wen er meinte: die Verstorbene oder mich oder vielleicht meine alte Mutter, die in ihrer Schwäche gern bei ihm saß und bunte Bilder von biblischen Geschichten mit ihm betrachtete.

Ja, Bucer wäre gern in der Nähe gewesen, als ich – fast vierzig Jahre alt – noch einmal ein Kind zur Welt brachte. Gemeinsam freuten wir uns an unserem kleinen Martin.

Aber nach Gottes unerforschlichem Willen brach wieder eine schwere Zeit für uns an, als die Reformation in Köln vom Kaiser und dem Domkapitel rückgängig gemacht wurde, der gute Erzbischof Hermann in größte Schwierigkeiten kam und fast zur gleichen Zeit Martin zu fiebern begann und starb – so schnell, wie kleine Kinder sterben, obwohl sie eben noch fröhlich ihre ersten Lieder zwitscherten. Und als wir ihn unter vielen Tränen begraben hatten, sagte ich Bucer, dass ich wieder schwanger sei. Er legte seinen Arm um mich ohne ein Wort. Aber ich fühlte, wie sehr er mit mir bangte und litt.

Nach den vielen Geburten fürchtete ich, mein Körper würde gar keine Kraft mehr haben, das Kind zu nähren und zu behalten, bis es reif sei, auf die Welt zu kommen. Mehr als je zuvor während einer Schwangerschaft lag ich auf meinem Lager, während die großen Mädchen sich um den Haushalt kümmerten. Margaretha, meine Nichte, war ein tapferes Mädchen und half mit. Ja, die Töchter waren fleißig, aber den Johannes verwöhnten sie und er wuchs heran in der Meinung, dass er sich alles erlauben dürfe. Später haben wir es bereut, doch damals war er als einziger Junge neben dem armen Nathanael der Liebling aller. Und ich war zu schwach geworden, um dem zu wehren.

Als die Wehen einsetzten und das Wasser abging, schaffte ich es kaum mehr in die Schlafstube. Die Mädchen holten die Hebamme. Ich hörte die wohlbeleibte Frau die Stufen hochkeuchen, und da trat schon das Kind aus meinem Leib. Mich packte die Angst, dass es Schaden genommen haben könnte.

Aber die Hebamme und Bucer, der ohne zu fragen mit

in die Stube getreten war, beruhigten mich schnell: ›Ein starkes Mädchen!‹

Und das war sie auch, unsere Lisbeth. Der Trost und das Glück des schwer geprüften Mannes und der Sonnenschein meiner letzten Jahre.«

— Katharina aus Mühlhausen weiß nichts von diesem Glück: »Ja, im Alter noch Kinder um sich zu haben, das ist ein Segen. Ich bin auch alt geworden, meine Söhne haben Frauen genommen und die kleinen Enkel kamen zu uns ins Haus an der Mauer der reichen Stadt Mühlhausen, auch wenn es das Haus eines Gerbers war, den die guten Bürger mieden. Aber es brach mir das Herz, als die eine Mutter starb und der kleine Junge von der Stiefmutter herumgestoßen wurde. Der Krieg hat dann meine Söhne gemordet, die Kinder gingen verloren, hilflose Waisen, die bettelnd herumzogen. Wenn ich gewusst hätte, welch ein Schicksal sie erwartet, ich hätte meinen Leib verschlossen und kein Kind geboren!«

Da begehrt die Zellin auf: »Ich kann dich verstehen, Katharina Kreutter, und doch! Und doch! Es ist Gottes Wille, dass wir Kinder zur Welt bringen und lieben und erziehen, denn sonst wäre die Schöpfung verloren, das gute Werk unseres Vaters im Himmel.«

»Aber ich habe ähnliche Gedanken gehabt, als die Pest mir eins nach dem andern aus dem Herzen riss«, gesteht Wibrandis.

»Und ich, als meine adligen Söhne mit Trunkenbolden und Nichtsnutzen herumzogen und mir fast das Herz brachen.«

»Auch ich, als die kaiserlichen Truppen sich Wittenberg näherten und ich fürchtete, sie würden meine Kinder fangen und töten.«

»Ich verstehe das. Die Ehe werde uns Jammer und Not bringen, hat dein Herr Doktor, Lutherin, dem Caspar und mir bei unserer Trauung gesagt. Und doch bringt sie auch Glück und Segen. Ist es nicht genauso mit den Kindern? Wie viele Schmerzen, wie viel Sorge, Not und Verzweiflung haben wir ihretwegen gelitten. Aber da waren doch auch Freude, Lachen, Glück … Vergesst es nicht, Schwestern, vergesst es nicht!«

»Nein, wir vergessen es nicht«, erwidert die Lutherin, »doch eines muss ich dir sagen, Elisabeth: Du bist sehr früh gestorben, viel zu früh! Deine Kinder waren so jung, ich weiß noch, wie sie schluchzend am Grab standen und der junge Caspar zärtlich seinen Arm um die kleine Schwester legte. Ihr Vater verbarg das Gesicht in den Händen …«

»Ich wäre gern gesund geworden, Käthe! Die Sorge um meine Kinder hat mir in meinen letzten Stunden das Herz zerrissen. Aber ich konnte nichts tun. Ich habe sie Gott befohlen. Er hat es nicht gewollt, dass ich bei ihnen bleibe.«

»Ja, er hat es nicht gewollt, der verborgene Gott«, fährt die Lutherin fort. »Das Leid deiner Familie war grenzenlos, aber du bist hindurchgegangen, du warst schon im Frieden. Die Not des Alters hast du nicht gekannt, wenn alle Knochen schmerzen und die Augen müde werden, wenn auch die Kinder ihre Wege gehen und du sie nicht hindern kannst. Wir haben um die erwachsenen Söhne viel gelitten. Die Töchter, die haben uns mehr Freude gemacht. Mein Herr Doktor war der Meinung, die Knaben müsse man streng in Zucht halten und dürfe ihnen nichts durchgehen lassen. Aber die Mädchen, fand er, sollten liebevoll gehalten werden. Ich war nicht seiner Ansicht, denn ich glaube, es hätte auch den Jungen gutgetan, wenn wir sie ein wenig milder behandelt hätten. Wie sehr hat mein Martinus unter den harten Schlägen seines Vaters gelitten, und sein Leben lang quälte ihn die Furcht, es dem strengen Herrn nicht recht zu machen! Aber er meinte, es müsse so sein: ›Wen der Herr liebt, den züchtigt er.‹ Wenn das der Vater im Himmel tue, so müssten wir es ihm gleichtun. Ich konnte es kaum ertragen, wenn ich zusehen musste, wie er den Hans mit der Rute schlug, weil der einmal wieder nicht gut genug gelernt hatte. Den Jüngsten, unseren Paul, hat er nicht mehr geschlagen, und der ist ein treuer Sohn und ein braver Arzt geworden.«

»Du magst recht haben, doch in einem Punkt muss ich dir widersprechen, Lutherin«, wirft Katharina Melanchthon ein: »Auch eine Tochter kann das Herz ihrer Eltern brechen, ohne Absicht, aber durch ihren Leichtsinn! Ihr kennt die Geschichte unserer Anna?«

Die Lutherin nickt, doch die Frauen aus Straßburg und der Schweiz schütteln den Kopf.

»Erzähle!«, sagt die Zellin.

15

Von dem Leidensweg einer Tochter und den Irrwegen der Söhne

»Ein neuer Schüler kam ins Haus. Melanchthon nahm ihn freundlich auf wie jeden, der kam, um bei ihm zu lernen. Er bat um Logis und Kost, saß mit den zwei, drei anderen Studenten an unserem Esstisch und wir freuten uns an seinen gepflegten Manieren und seinem angenehmen Äußeren. Der junge Mann kam aus dem Osten, trug blonde Locken, und seine blauen Augen strahlten.

Georg wurde bald Philipps Lieblingsschüler. Das Latein ging ihm so leicht über die Lippen wie den Marktfrauen das Deutsche. Bei Tisch rezitierte er mit Vorliebe Ovid, und die anderen lachten und klatschten Beifall. Worum es in den Gedichten ging, weiß ich nicht. Das war wohl auch besser, denn manchmal verzog Philipp ein wenig das Gesicht, wenn sich die jungen Männer begeistert auf die Schenkel klopften.

Er hieß mit Familiennamen Schuler, sein Vater war Bürgermeister der Stadt Brandenburg, aber es gefiel ihm, seinen Namen zu ändern. Sabinus, sagte er, sei ein Freund des Ovid gewesen – und so nannte sich dieser neue Freund Ovids danach: Georg Sabinus. Ich musste zugeben, dass es besser zu ihm passte als das einfache Schuler: zu den Locken, zu dem Feuer, mit dem er bald nicht nur Ovids, sondern auch eigene lateinische Gedichte vortrug. Philipp nannte ihn hochbegabt, ich fand es übertrieben, wie er sich bewegte, wie er – oft genug zu spät – in die Stube stürzte, wo alle ihm respektvoll den Platz frei gehalten hatten. Aber ein Dichter, meinte Philipp, könne sich das erlauben.

Als er fast schon zehn Jahre bei uns oder in unserer Nachbarschaft gelebt hatte, brach er zu einer Reise nach Italien auf und verbrachte dort den Winter. Er beeindruckte die Gelehrten und sammelte neue Erkenntnisse. Im Frühjahr kehrte er zurück und bat darum, wieder bei uns wohnen zu dürfen.

Vielleicht habe ich nicht gut genug aufgepasst. Es war ja immer viel zu tun im Haus. Magdalena spielte mit ihren Puppen mitten auf der Treppe, Lippus, der kleine Philipp, tobte hinaus und herein. Da musste ich achtgeben, dass es nicht zu laut wurde, wenn unser Herr Professor in seiner Studierstube Unterricht erteilte. Der Junge war auch oft krank, und nachdem wir unseren kleinen Georg so früh verloren hatten, bangte ich angstvoll um sein Leben.

Und was machte Anna? Sie lernte lesen und schreiben mit ihrem Bruder, half in der Küche und beschäftigte sich mit Handarbeiten. Alles schien ganz so, wie es sein sollte. Nur an einem Abend saß sie mit verweinten Augen am Tisch und wollte gar nicht reden. Als ich sie in ihrer Kammer ansprach, zog sie die Decke über ihren Kopf und drehte sich zur Seite. ›Es ist nichts‹, war das Einzige, was ich aus ihr herausbekommen konnte. Ein paar Tage später fand ich sie lächelnd vor dem Spiegel und sie drehte ihre langes schwarzes Haar zwischen den Fingern. Eine Vorliebe für schöne Kleider, Ringe und Ketten hatte sie schon immer. Das kleine Mädchen konnte sich gar nicht genug schmücken, und der Vater lächelte nachsichtig darüber.

Sabinus war inzwischen so gelehrt und bekannt, dass er verschiedene Stellen angeboten bekam, und so kündigte er uns seine Abreise für den Herbst an. Aber dann, an einem Spätsommerabend, trat er ins Studierzimmer seines Lehrers und war wohl zum ersten Mal ein wenig verlegen.

Ich war mit den Kindern beschäftigt, die nicht ins Bett gehen wollten, weil der Abend so schön war – da rief mich Philipp und ich hörte, dass seine Stimme zitterte. Ich stieg hinauf, wo ich die Männer schweigend beieinander fand, Philipp auf seinem Stuhl, Sabinus am Fenster in den Garten hinausschauend.

Es schien, dass keiner zuerst reden wollte, dann aber schlug Philipp mit der Faust auf den Stapel Papiere, die vor ihm auf dem Tisch lagen, und rief: ›Heimlich verlobt!‹

›Was soll das heißen?‹, fragte ich.

Sabinus drehte sich um und reckte sich zu voller Größe, sodass er auf mich heruntersehen konnte. ›Ich habe eurer

Tochter Anna die Ehe versprochen und sie hat sich mir anverlobt. Wir möchten bald heiraten.‹

Anna hatte wohl hinter der Tür ihrer Kammer darauf gewartet, dass wir sie holten, jedenfalls kam sie sofort, als wir ihren Namen riefen. Sie strahlte uns an: ›Ich bin sehr glücklich‹, hauchte sie. Wenige Wochen vorher war sie 14 Jahre alt geworden!

Was sollten wir tun? Ein Verlöbnis, ihr wisst es, verpflichtet auch die Eltern. Wir mussten es zulassen, dass unser Kind sich beim öffentlichen Beilager vor aller Augen zu dem jungen Mann legte, es folgte der gemeinsame Kirchgang, und die Wittenberger standen in Scharen, um das junge Paar zu sehen. Schön waren sie, ja, sehr schön, die beiden, aber ...«

— »Schon früh hat mein Herr Doktor gegen die heimlichen Verlöbnisse gewettert, die damals überhandnahmen. Er forderte, es müsse unbedingt vorher die Zustimmung der Eltern eingeholt werden! Einmal fanden wir seinen Neffen Florian mit einem Mädchen im Garten, da setzte es Prügel.«

»Er hatte wohl recht, aber wir konnten Sabinus nicht verprügeln! Als Lippus Jahre später – er war gerade 18! – zu uns kam und uns seine heimliche Verlobte aus Leipzig vorstellte, da haben wir jedoch anders reagiert als bei Anna. Mein guter Mann ist mit hochrotem Kopf tobend durchs Haus gelaufen und hat den beiden jungen Leuten die Tür gewiesen. Philipp war meistens mild und freundlich, doch wenn ihn der Zorn packte, ging man ihm besser aus dem

Weg. Es gab einen Skandal, und auf die Familie Melanchthon war man in Leipzig dann nicht mehr gut zu sprechen. Aber wenigstens konnten wir es verhindern, dass wieder eins unserer Kinder ins Unglück lief.

Nur bei Anna waren wir selbst noch nicht erfahren genug, sie bat uns herzzerreißend, wir sollten sie in Frieden gehen lassen, denn sie habe ihr Glück gefunden. Dem Augenaufschlag, dem strahlenden Blick seiner Tochter hat Philipp nie widerstehen können. Und sie glaubte, es würde überall, wo sie mit ihrem Sabinus hinging, das Paradies auf sie warten. Aber dann kam erst einmal die Schwangerschaft.

Glücklicherweise lebten sie damals nicht weit von uns. Ich konnte ihr noch helfen in den ersten Monaten und danach, als sie ihr Kind hatte und hilflos vor dem schreienden Bündel stand. Ihr Mann zeigte nur Interesse daran, dass sie ihm so bald wie möglich wieder zur Verfügung stehe, und als ich mit ihm von ihrer Jugend sprach, wies er mich zurecht: Das gehe mich nichts mehr an.

Tatsächlich erholte sie sich erstaunlich gut und wurde noch schöner in ihrer Mütterlichkeit, sodass viele Männer sie mit Komplimenten umschmeichelten. Das entging auch Sabinus nicht. Er begann, sie zu belauern und peinlich zu befragen. Wenn sie sich wehrte, stieß er ungeheuerliche Verdächtigungen aus. Sie habe sich verabredet, sicher genauso wie damals mit ihm im Garten. Ihr Rock sei zerknittert. Das Gesicht hochrot. Ich habe es selbst gehört und es brach mir fast das Herz, dass ich sie mit diesem Mann allein lassen musste.

Sabinus erhielt eine Stelle als Rektor in Frankfurt an

der Oder. Anna war hochschwanger, als die Familie umzog. Das zweite Kind. Sie konnte sich ihm nicht verweigern, er forderte Liebesbeweise, sonst wüsste er, dass sie ihn betrüge. Wenn sie auf einer Gesellschaft sich fröhlich unterhielt, drohte er, sie zu schlagen, weil sie frech sei. Sie schrieb mir erschütternde Briefe, heimlich, wenn er schlief.

Und wieder eine Schwangerschaft! Zur vierten Niederkunft reiste ich nach Frankfurt. Als ich sie sah, erschrak ich. Sie war 20 Jahre alt, aber der Glanz in ihren Augen war erloschen. Mühsam schleppte sie sich durch ihre Tage, brachte ihr viertes Kind zur Welt und hatte kaum Kraft, es zu stillen. Ihre Mägde waren vom Herrn Rektor angewiesen, darauf zu achten, dass sie keinen Besuch empfing. Einmal erhielt sie einen Brief, öffnete ihn und sah eine fremde Handschrift. ›Eure Schönheit bezaubert mich. Lasst mich ein, ich verdurste nach Eurer Liebe …‹, las sie. Vielleicht war sie einen Augenblick angerührt von den warmen Worten, aber dann legte sie den Brief beiseite. Wenig später kam Sabinus, fand den Brief und schrie, sie sei eine Hure. Als sie das Haus verlassen wollte, gestand er, er habe den Brief selbst geschrieben, um ihre Treue zu prüfen.

Die drei kleinen Kinder und der Säugling wurden von einer Amme notdürftig versorgt, vom Vater kaum beachtet. Es war ein solches Elend, dass Philipp und ich ihr rieten, sich von ihrem Mann zu trennen und nach Hause zurückzukehren. Das fiel uns schwer, war doch Ehescheidung eine schwere Sünde. Aber auch dein Herr Doktor, Lutherin, hat unsere Not verstanden: Die Ehe, so hatte er geschrieben, sei ein *weltlich Ding*. Wir gaben ihr den Rat, doch sie selbst zögerte, den Schritt zu tun, da Sabinus ihr immer wieder versicherte, er liebe sie unendlich.

So wollten sie es noch einmal versuchen. Gemeinsam zogen sie nach Königsberg, wo der gelehrte Mann eine herausragende Stellung beim Ausbau der Universität einnahm. Der Kurfürst empfing das Paar, machte Anna Komplimente, und wieder geriet Sabinus in Wut. Sie musste ihm ihre Liebe beweisen. Das fünfte Kind wurde geboren, und ein halbes Jahr später brachte ein Bote den Brief, in dem sie von einer neuen Schwangerschaft berichtete. Mir zerriss es das Herz: Königsberg war weit, es war Krieg und ich war oft krank mit furchtbaren Schmerzen, weil ich, wie dein Herr Doktor, Lutherin, unter Steinen litt. Ich konnte nicht zu ihr reisen, ich konnte ihr nicht helfen.

Nie habe ich den Tag vergessen, an dem wieder ein Bote mit einem Brief aus Königsberg an unsere Tür klopfte. Es war ein Frühlingstag, die feindlichen Truppen waren abgezogen, die wärmenden Strahlen der Sonne und das Jubeln der Vögel machten den Menschen Mut. Ich nahm den Brief, drehte ihn hin und her – und erschrak. Es war das Siegel des Sabinus.

Philippus kam von der Universität herüber, wo sich die Studenten langsam wieder sammelten. Überall in der Stadt regte sich neues Leben. Aber als wir beide den Brief öffneten, da erfuhren wir vom Tod. Ein kleiner Albrecht sei geboren, schrieb Sabinus, Anna habe die Geburt gut überstanden, das Kind sei gesund, doch nach zwei Wochen sei Anna leider gestorben.

Da war es für uns vorbei mit dem Frühling, mit der Sonne. Ihr wisst, wie es ist, wenn ein Kind stirbt. Ganz egal, ob es erwachsen ist oder noch klein. Es ist doch immer unser Kind.«

— »Ja, es bleibt immer unser Kind!« Argula seufzt tief.

Die anderen sehen sie fragend an.

»Drei Söhne und eine Tochter! Friedrich von Grumbach war damit zufrieden. Und er starb, bevor sie erwachsen waren. Es ist immer gut und ein Grund, Gott von Herzen zu danken, wenn die Eltern vor den Kindern sterben.«

»Aber nicht zu früh!«

»Nein, nicht zu früh, Elisabeth, da hast du recht. Aber dann, wenn sie ihren Weg gefunden haben. Einen guten Weg!«

»Erzählt von Euren Kindern, Frau Argula!«

»Bei den Erzvätern im Alten Testament heißt es: Sie sahen Kinder und Kindeskinder und starben alt und lebenssatt. So hatte ich es mir auch gewünscht, so haben wir alle es uns gewünscht. Aber der Weg zum Himmel ist schmal und die Pforte ist eng, sagt unser Herr Jesus. Meinen Söhnen war sie zu eng.

Nur mit Apollonia saß ich oft über der Bibel. Wir sahen uns die Bilder an, wir lasen die Texte, die uns Martin Luther so wunderbar ins Deutsche übersetzt hat, und dann fragte sie: ›Wie sieht er aus, der Luther? Wie war er, als du ihn besucht hast?‹

Ich habe es ihr erzählt und es war wie Balsam für meine Seele, dass ein Mensch in unserem Hause mir zuhörte. Aber mein Töchterchen war oft krank. Viel Geld habe ich den Ärzten gegeben und es schien auch besser zu werden.

Als ich nach Grumbachs Tod noch einmal heiratete, einen protestantisch gesinnten Grafen aus Böhmen, wollte Apollonia in der Heimat bleiben. Sie ging nach Ingolstadt in eine bekannte, gut lutherische Familie. Ich lebte mit Burian von Schlick zwei Jahre auf seinen Gütern und in der schönen Stadt Prag. Wir hätten eine gute Zeit miteinander haben können, aber auch der Graf starb, zermürbt von erbitterten Erbstreitigkeiten in seiner Familie.

Glaubt nicht, Schwestern, dass die Adligen glücklich sind mit ihren Ländereien, ihren Burgen und Dörfern! Da gönnt einer dem andern nicht den Pferdestall auf der Wiese oder den eingefallenen Turm einer uralten Burg. Mir blieb nach Grumbachs und Schlicks Tod nicht viel, aber es war genug für mich, denn Schätze wollte ich mir lieber im Himmel sammeln. Einen Schatz jedoch gab ich dem Himmel, den ich gern behalten hätte: Apollonia starb mit 17 Jahren, gerade aufblühend als junge Frau und gleichzeitig klug und belesen wie kaum eine Tochter aus adligem Haus. Doch ich hatte bald noch mehr Grund zu trauern, ihr wisst es!

Mein Georg hat bei euch gewohnt, Katharina Melanchthon, an deinem Tisch hat er gesessen und im Schwarzen Kloster ist er ein und aus gegangen. Ich hatte ihn nach Wittenberg zum Studium geschickt, denn wo sonst sollte er die Wahrheit erfahren, wenn nicht bei euch? Dankbarkeit erfüllte mich, dass Melanchthon ihn aufnahm, ihm wie ein Vater sein wollte, ein so ganz anderer Vater …«

— »Wir nannten ihn spaßeshalber unseren Marschall, denn wenn er ins Zimmer trat, dann bebten die Dielen, die

Tür flog krachend ins Schloss und mit dröhnender Stimme grüßte er uns, als stünden wir auf dem Schlachtfeld. Aber Latein und Griechisch war das nicht, was er redete.«

»Nein, er wollte nicht studieren, er wollte in den Krieg. Und dann noch in den Dienst des Kaisers! Als er mit mir darüber sprach, drohte ich ihm ernsthaft: Wollte er als kaiserlicher Soldat vielleicht einmal seine eigene Mutter aus ihrem Haus vertreiben? So blieb er bei mir in Lenting, verwaltete die Güter seines Vaters und hätte es gut haben können, wäre da nicht der Hochmut gewesen! ›Ich – Georg von Grumbach – verbringe mein Leben zwischen fränkischen Bauern, die nicht klüger sind als ihre Ochsen.‹

Er reiste nach Nürnberg, um wenigstens ein paar welterfahrene Männer zu treffen und sich mit ihnen auszutauschen. Es waren auch ein paar erfahrene Dirnen dabei, die er zu treffen liebte. Und um zu vergessen, dass er ein Herr nur über Felder, Wälder und Dörfer war, trank er den guten Wein und trank zu viel davon. Man sah ihn, man hörte ihn auf den Straßen von Nürnberg und der Wirt, der doch an ihm verdiente, hatte Mitleid mit der Mutter und schickte mir Nachricht. Ich bat meinen Sohn, ich flehte ihn an, nach Wittenberg zurückzukehren und sein Studium fortzusetzen, da ihm doch das Leben auf dem Lande nicht gefiel. Er gab mir recht, er umarmte mich und zog davon. Aber er beeilte sich nicht. Da luden Weggefährten ihn ein, da gab es den Wein in anderen Gegenden zu kosten, es gab auch Händel, ein Gefecht mit gut bewaffneten Knechten, und schwer verletzt, eine Hand fast abgetrennt, stand er in Leipzig bei einem Kaufmann vor der Tür. Der

Mann kannte unsere Familie und schrieb. Es fand sich ein tüchtiger Arzt, aber ich musste Geld schicken, viel Geld.

Statt zu euch nach Wittenberg, kam er zu mir nach Lenting zurück. Jetzt wollte er in Ingolstadt studieren, ungern ließ ich ihn dorthin gehen. Wieder fand er Zechkumpanen, machte Schulden, floh vor den Gläubigern nach Leipzig, und von dort kam der Brief, dass er im Elend gestorben sei – gerade hatte ich in Ingolstadt an Apollonias Grab gestanden. Sein Grab habe ich nie gesehen.

Meinen Hans-Jörg gab ich zu einem Lehrer, den viele lobten. Aber er tat das, was du von deinem Herrn Doktor erzählt hast, Lutherin: Er züchtigte ihn mit dem Stock. Da rebellierte sein Adelsstolz und schon der Knabe versuchte alles, um fortzukommen. Als er erwachsen geworden war, geriet er bald in Schwierigkeiten, bat mich demütig um Verzeihung, und es ging doch in gleicher Weise weiter: Nicht Studium und Arbeit füllten seine Tage aus, sondern Würfelspiel und Zecherei. Schließlich zog er nach Burggrumbach auf sein väterliches Gut. Doch auch dort gab es ein Wirtshaus, und es gab Kumpanen, die ihn verführten.

Ich lebte wiederum als Witwe auf dem Gut in Lenting. Eines Tages kam ein Bote. Jedes Mal, wenn es hieß: ›Frau Argula, eine Nachricht von Eurem Sohn!‹, dann erschrak ich. Zu oft schon hatte ich Furchtbares erfahren. Aber dies war das Schlimmste: Er war nach einem Wirtshausbesuch erschlagen worden!«

— »So blieb Euch nur noch einer, Frau Argula.«

»Ja, mein Gottfried, der Jüngste. Er zog bis nach Pommern und diente beim Herzog. Doch Geld hatte er nie. Nicht anders als seine Brüder zog es ihn in die Wirtshäuser. Nach dem Tod seiner Geschwister kam er zu mir zurück und half mir, das Gut zu verwalten. Aber oft genug suchte ich ihn vergeblich in seiner Kammer. Erst gegen Morgen hörte ich ihn die Treppe hinaufwanken. Die Leute haben gesagt, ich sei eine stolze Frau. Glaubt mir, Schwestern – ich habe viel geweint.«

Die Lutherin stimmt zu: »Ihr habt es gesagt, Frau Argula, ›die Pforte ist schmal‹! Auch einer von meinen Söhnen hat sie nicht gefunden und ist den breiten Weg gegangen, den, der ins Wirtshaus führt. Martin trug den Namen seines Vaters, vielleicht hat er zu schwer daran getragen, der Sohn Luthers zu sein. Er wollte lieber sein wie alle anderen auch. Er wollte ihnen zeigen, dass er jeden Ungehorsam mitmachte. Und so hat er seine Zeit als Student vergeudet. Als wir nach Torgau fuhren und ich stürzte, da war es auch die Sorge um ihn, die mich antrieb. Kaum dass er mich während meines Krankenlagers besucht hat …«

»So bin ich nicht die Einzige, die bittere Briefe schrieb, die ermahnte und forderte, doch endlich auf den rechten Weg zurückzukehren!«, meldet sich Wibrandis. »Vier Söhne habe ich geboren und nur einer ist mir geblieben: Johannes Simon Capito. Und dieser eine hat es nie gelernt, an andere zu denken. Immer wollte er im Mittelpunkt stehen, brauchte Geld, gab sich anderen gegenüber großzügig, damit sie ihn bewunderten. Er war ganz anders als seine Schwestern, besonders als seine Schwester Agnes, die mich auf meinen mühseligen Reisen begleitete! Vielleicht müssen wir die Knaben wie Mädchen erziehen, damit sie Liebe und Mitgefühl lernen.«

Die Frauen stimmen zu und denken nach.

Dann ergreift Katharina Melanchthon das Wort: »Erzähle von deinen Reisen, Wibrandis! Wir haben davon nur wenig gehört. Es waren bittere Zeiten!«

16

Vom Reisen und Ankommen

Wibrandis nickt: »O ja! Wahrlich bittere Zeiten! Moritz von Sachsen verriet die evangelische Sache. Der Kaiser siegte. Wir mussten zur römischen Lehre zurückkehren. So hieß es im ›Augsburger Interim‹.«

Katharina Melanchthon lacht. »Sie haben's versucht! Aber bei uns in Sachsen lasen die altgläubigen Priester vor leeren Kirchen ihre lateinischen Messen. Und wenn irgendwo ein lutherischer Prediger auftrat, dann standen die Leute bis an die Türen. Über die Herzen der Menschen konnte auch der Kaiser nicht bestimmen.«

»Aber unseren guten Kurfürsten hat er gefangen in seinem Gefolge geführt! Was haben wir im Schwarzen Kloster geweint und gebetet für ihn, der beständig und treu war bis in den Tod. Die Kurfürstenwürde wurde ihm genommen, seine Ehre geschändet, doch er verleugnete nicht den evangelischen Glauben!«

Die Zellin erzählt aus Straßburg: »Als der Kaiser die Stadt Konstanz eingenommen hatte, da krochen auch bei uns die Papisten aus ihren Löchern. Auf einmal war der Rat – sie sagten: gezwungen –, dem Bischof wieder gehorsam zu sein, und er nahm das Interim an, versprach aber, die evangelischen Gottesdienste zu dulden – es sollte nur nicht zu ›scharf‹ gepredigt werden.

Der wackere Paul Fagius war unser Pfarrer geworden. Er hatte von der Kanzel verkündet, die Prediger müssten die Wahrheit sagen und dürften davon nicht ablassen. Das nahmen die Domherren zum Anlass, ihn aus dem Münster zu vertreiben.«

Wibrandis fügt hinzu: »Nicht nur aus dem Münster wurden die Evangelischen vertrieben! Bucer, mein guter Mann, sollte die Stadt verlassen, denn er war die Quelle der Wahrheit, ihm glaubten die Menschen. Weißt du noch, Zellin, wie wir in der Nacht an deine Tür klopften? Da war ein Bote des Rats gekommen: In ihrem eigenen Interesse sollten Bucer und der Fagius die Stadt verlassen. Sie seien in Gefahr. Wir baten, dass du sie verstecken mögest, wir kannten deinen Mut und deine Klugheit.«

— »Ja, ich erinnere mich. Dein guter Bucer, Wibrandis, hat ja manchmal über die alte Zellin mit ihrem Vorwitz geklagt – dass ich mich immer einmischte bei so vielen klugen Männern, die wir in Straßburg hatten, obwohl ich doch nur die Frau eines Pfarrers und inzwischen seine Witwe war.

Ich war nicht so wie du, die du immer still im Hintergrund deine Arbeit getan hast und niemals Widerworte gabst.

Aber noch wohnte ich im Pfarrhaus am Münster zwischen Büchern, Schriften und Gerätschaften aus dem Nachlass meines guten Matthäus. Sie würden mich nicht angreifen, dachtet ihr, dieses alte Weib, und so war es auch. Drei oder vier Wochen hielt ich die beiden im Haus versteckt, kaum dass sie mal in der Nacht ungesehen über den Markt zur Ill hinunterlaufen konnten. Frau Fagius kam manchmal in den frühen Morgenstunden und brachte Brot und Milch. Wir ließen die Männer nicht hungern. Du, Wibrandis, schicktest deine Agnes vorbei, in ein großes Tuch gehüllt, unter dem sie den Korb mit Eiern und Fleisch verbarg. Und du kamst selbst mit eurer kleinen Lisbeth, die durfte den ganzen Weg nicht plappern, was ihr sehr schwerfiel. Aber nur so konnten wir sie ins Haus und zu ihrem geliebten Vater bringen. Wir führten auch viele kluge Gespräche miteinander und hörten gar nicht auf zu seufzen und zu klagen über den Lauf der Zeit. Endlich, als der Schnee geschmolzen und die Ill eisfrei war, brachen sie auf.«

»Sie hätten auch zu uns nach Wittenberg kommen können. Philipp hat sie herzlich eingeladen, und auch ich hätte sie willkommen geheißen!«

»Aus Kopenhagen fragte man an, ob es Theologen gebe, die an der Universität lehren könnten. Mein Herr Doktor hat Bucer empfohlen«, weiß die Lutherin, aber Wibrandis erzählt:

»In England waren sie in Not, weil es kaum ausgebildete Theologen gab, der Erzbischof von Canterbury bat dringend um Hilfe. Und so entschieden sie sich, nach Canterbury zu gehen, wo an der Universität endlich Hebräisch und Bibelwissenschaft gelehrt werden sollten.

Als der Tag des Abschieds kam, saßen wir zusammen in eurem Haus, Zellin, und beteten unter vielen Tränen – wusste ich doch nicht, ob ich den guten Bucer wiedersehen würde. Und noch bitterer weinte Frau Fagius und wollte ihren Paulus gar nicht loslassen. Im Morgengrauen schlichen sie aus dem Haus. Ein paar tapfere junge Männer begleiteten sie, einige kehrten zurück, andere teilten die Mühen der langen Reise mit ihnen. Es ging durch ganz Frankreich – bis nach England.«

»Mir ließen sie im Pfarrhaus zwei Goldstücke zurück – als Kostgeld, obwohl ich doch alles für sie gegeben hätte, auch ohne jeden Lohn. Einige Tage später standen wieder verjagte und verfolgte Prediger mit ihren Kindern vor meiner Tür. Da kam eine Frau, die hatte zusehen müssen, wie man ihrem frommen Mann den Kopf abschlug – weil er die lutherische Botschaft verkündigte. Welch ein Grauen war in der Welt! Denen gab ich ein Goldstück. Doch das andere habe ich den beiden Freunden später in einen Brief nach England gelegt, denn sie waren doch auch Verfolgte, Heimatlose.«

»Und ich wartete auf Nachricht von ihnen. Näherte sich ein Fremder dem Haus, konnte ich kaum an mich halten, ihn zu fragen. Aber es dauerte lange, bis endlich Nachricht kam. Aus Calais schrieb Bucer an seinen lieben Nathanael, der in seinem schwachen Kopf gar nicht begreifen konnte, warum uns der Vater verlassen hatte. Fünf Tage später waren sie dann in Cambridge, und es kamen mehr Briefe: Ja, sie seien vom Erzbischof von Canterbury im Lambeth Palast sehr freundlich aufgenommen worden, der König Eduard VI. habe sie empfangen und wünsche sich, dass sie die englische Kirche erneuern und den evangelischen Glauben stärken sollten. Fagius' Sohn hielt sich schon länger beim Erzbischof auf und konnte übersetzen, denn nun mussten sie das Englische erlernen. Aber in jedem Brief wurden die Klagen heftiger: Das Essen sei unsäglich. Der Regen. Die Kälte selbst im Mai, im Juni. Das Heimweh. Und im August bat er dann, ich möge doch kommen!

Da stand ich am Fenster unseres Hauses, sah auf die lieben, vertrauten Gassen, auf die Türme unserer Stadt. Hinter mir im Haus tobten Johannes und Irene, meine Mutter saß mit Nathanael in der Küche, Agnes holte Kräuter aus dem Garten. Und aus dem allen sollte ich fortgehen? Was konnte ich tun?

Wie gern ich dich hätte, so sind wir beide des Herrn; der hat dich mir gegeben, mit dessen Willen, und nicht aber wider, begehre ich dein …

Es bewegte ihn auch, was es für meine Mutter bedeuten würde, wenn ich nach England käme.

Wollte dich gern mit ihr teilen, ja ihr gerne gar lassen, wenn ich dich auch haben möchte, oder gewiss wäre, dass Gott dich mehr bei ihr dann bei mir haben wollte. Gott rate und helfe. Sein Wille soll mir in allem gefallen. Das Kreuz müssen wir tragen, wir haben es verschuldet. Es ist auch wahrlich nicht ein kleines Kreuz, der so lieben Kirchen, Schulen, Kinder, Freunde und seiner eigenen Hausgenossin beraubt sein.

Ich las den Brief immer wieder. Agnes sollte ich mitbringen. Er wusste, wie tüchtig das Mädchen im Haus und in der Küche war, dabei immer freundlich und klug dazu. Und Lisbeth! Er liebte das Kind so sehr, aber wie würde sie mit ihren vier Jahren eine solche Reise überstehen? Ich kam zu dir, Zellin, und ich ging zu Pauls Frau. Am Ende machten wir uns bereit: Fagius' Frau und ich mit Agnes und Lisbeth. Der Pfarrer Christoph Söll wäre gern mitgereist, doch das wollte Bucer nicht, denn ihm hatte er die Gemeinde anvertraut. Und nicht nur die Gemeinde, auch Aletheia war ihm angetraut worden und die beiden liebten einander von Herzen. Nun mussten sie die Verantwortung für den Teil der Familie übernehmen, der in Straßburg blieb.

Der Aufbruch sollte geheim bleiben, damit sich nicht etwa die Feinde an dem Hab und Gut der Familien vergriffen. Und so schifften wir uns ein, ein treuer Begleiter hatte sich gefunden, die Fahrtroute beschrieb Bucer genau in seinem Brief, auch die Orte, an denen wir Freunde und Unterkunft finden würden.

Und doch, Schwestern, mein Herz war verzagt! Bis dahin kannte ich nur die Straßen zwischen Säckingen, wo meine Mutter mich zur Welt brachte, Basel und Straßburg. Ich kannte nur den Anblick der fernen Berge, die Flusstäler, die Wälder, Wiesen und Felder der Heimat. Es war immer noch Krieg zwischen Kaiser und Fürsten, Kaiser und Franzosen. Niemand wusste, worauf das hinauslaufen sollte – und zwischendrin saßen wir aneinander gelehnt in einem Nachen auf dem Rhein, der immer breiter wurde, ein paar Körbe und Säcke um uns verteilt, und fuhren gen Norden. Da dachte ich an die Worte des Herrn zu den Jüngern auf dem See Genezareth: ›Warum seid ihr so kleingläubig?‹, und ich sah hinauf zum Himmel, von dem die Sonne lachte, und befahl uns alle der Gnade Gottes, die doch kein Ende hat, auch wenn unser Leben bedroht ist.

Lisbeth freute sich an der Reise, zeigte uns begeistert die Burgen auf den Bergen rechts und links und fand Gefallen an den glitzernden Leibern der Fische, die neben dem Boot durch das Wasser glitten wie die Vögel über uns durch den Himmel. Nur nachts weinte sie manchmal, wenn das Lager gar zu hart war oder laute Menschen durchs Gasthaus gingen. Freundliche Aufnahme fanden wir bei guten Freunden, die unseren Bucer aus seiner Zeit in Köln und Bonn noch kannten. Aber außer ihnen durfte niemand wissen, wer wir waren: Verfolgte. Bedrohte. So ging es tagelang weiter. Wir kamen nach Antwerpen, wo wir Gewürze kauften, wie Bucer vorgeschlagen hatte. Er meinte, sie seien dort sehr viel wohlfeiler als in England. In der Stadt Calais standen wir dann am Hafen: Da lag vor uns ein Wasser so groß, dass wir das andere Ufer nicht sehen konnten. Und die Schiffe schaukelten auf den Wellen wie Nussschalen auf einem Teich. Manchmal schlugen die hölzernen Wände dumpf aneinander und es knirschte in den riesigen Masten. Ein heftiger Wind kam auf und der Schiffer, mit dem wir den Preis ausgehandelt hatten, wollte nicht fahren. Eine erbärmliche Nacht verbrachten wir nicht weit vom Kai in einem Haus, wo Seeleute und Dirnen sich drängten, deren Sprache wir nicht kannten. Du kennst das,

Idelette, du warst auch auf der Flucht, als du aus Lüttich nach Straßburg kamst und nicht verstanden hast, was wir geredet haben. Welche Gnade ist es, eine Heimat zu haben, in der wir verstehen und verstanden werden!

Aber am nächsten Morgen schien die Sonne und wir bestiegen ein Schiff, zehnmal so groß wie der Nachen, mit dem wir den Rhein herabgefahren waren. Trotz des ruhigen Wetters schaukelte es heftig. Die Leute lachten über uns, als wir eine nach der anderen an die Reling traten und das wenige, was wir gegessen hatten, den Fischen opferten. Wieder schrie ich in meinem Herzen zum Herrn und verstand zum ersten Mal, was es bedeutet, wenn der Psalmist in seiner Angst vor den steigenden Fluten zu Gott schreit! Aber wir kamen an, obwohl wir am Mittag nirgendwo mehr Land sahen und ich nicht wusste, in welche Richtung wir fuhren. Wie dankbar war ich, als wir von ferne den Hafen von Dover sahen, das Gewirr der Masten und die Schwärme der Vögel. Auf einem schwankenden Brett erreichten wir festes Land, doch wir mussten einander festhalten, um nicht zu stürzen, als wir wieder festen Boden unter unseren Füßen hatten, so unsicher waren wir auf den Beinen.

Im Hafen von Dover standen wirklich die Leute des Erzbischofs und erwarteten uns. Frau Fagius sank halb ohnmächtig in die Arme ihres Sohnes, der uns lachend begrüßte. An die Fahrt bis nach Canterbury kann ich mich kaum erinnern. Mit Lisbeth im Arm habe ich wohl geschlafen, obwohl der Wagen auf den steinigen Straßen kräftig holperte. Irgendwann in der Nacht hielten wir an. Vor uns lag ein prächtiger Palast mit Fackeln beleuchtet.

Zwei Männer stolperten uns mit weit geöffneten Armen entgegen. Bucer weinte vor Glück.

Im Saal wartete der herrschaftlich gekleidete Erzbischof Thomas Cranmer und begrüßte uns mit großer Herzlichkeit, obwohl wir vor ihm standen wie die Bettler, schmutzig, abgerissen, mit wirrem Haar und bleichen Gesichtern. Was er sagte, verstanden wir nicht, aber in Windeseile kamen Diener von allen Seiten, führten uns in prachtvoll ausgestattete Räume, reichten uns warmes Wasser und sauberes Leinen zum Waschen, stellten Früchte und Krüge mit Bier und Wein bereit. Lisbeth lief erstaunt umher und schien gar nicht mehr müde.

Mittendrin stand Bucer und lächelte mich an. ›Heute Nacht werde ich nicht frieren‹, sagte er leise.

Da waren wir am Ziel unserer Reise.«

— Die anderen Frauen haben atemlos und voll Bewunderung zugehört.

»Ja«, sagt die Lutherin, »du warst wohl still und hast keine Widerworte gegeben, aber du hast ungeheuren Mut bewiesen! Von meiner Flucht aus Wittenberg weiß ich, wie verloren wir uns fühlen, wenn die Heimat hinter uns zurückbleibt und vor uns nur die Straße liegt – oder sogar das große Wasser wie bei dir, Wibrandis!

Und doch muss ich euch sagen, dass ich auch freiwillig und sogar mit Freuden aus Wittenberg fortgegangen bin – und fast wäre mir mein lieber Herr Doktor sogar gefolgt. Das war noch in den glücklichen Zeiten, in denen uns die guten evangelischen Fürsten vor der Wut der Feinde beschützen konnten.

Am Anfang des Jahres 1540 hatte ich das Kind lange vor der Geburt verloren. Mein Leib wollte nicht aufhören zu bluten, ein Fieber schüttelte mich und der Herr Doktor stand an meinem Bett und – ja, es war so: Er weinte. Er flehte mich an, gesund zu werden, mich! Als ob ich die Macht hätte! Er flehte aber auch zu Gott. An meinem Bett versprach er, sein Fleisch zu zügeln, dass ihm ein solches Unglück nicht noch einmal geschehe. Er fürchtete, dass ich sterben würde – und das Haus war voller Kinder und voller Gäste, die Welt voller Feinde und mancher Freunde, die uns das Leben genauso schwer machten wie der gute Philipp von Hessen.

Gott war gnädig: Als ich eine Nacht lang tief und fest geschlafen hatte, fühlte ich neue Kraft. Langsam genas ich, ich stand vorsichtig auf – und im Haus kehrte wieder die alte Ordnung ein. In dieser Zeit hast auch du, Katharina, uns manches Gute getan, wenn die Kinder im Melanchthonhaus mit am Tisch sitzen durften.«

»Es war uns allen bange, was werden würde, wenn Gott dich aus dem Schwarzen Kloster abriefe. Dein Martinus war selbst so oft krank am Körper, oder was noch schlimmer war: an der Seele. Wir fürchteten, er würde den Lebensmut verlieren, wenn du nicht mehr bei ihm wärst. So haben wir alle – deine Kinder und Hausgenossen, die Nachbarn und die Gemeinde, ja auch die Freunde im kurfürstlichen Schloss und überall im Land – für deine Gesundheit gebetet.«

»Gott hat gehört und Martinus war so dankbar, dass er mir den ersten Wunsch erfüllte, den ich über die Lippen brachte, als es Frühling wurde und ich im Garten die Pflanzen aufgehen sah:

Mein Bruder Hans hatte das Erbe unseres Vaters angetreten, aber keinerlei Interesse daran. Wie seine Standesgenossen zog es ihn auf die Jagd und ins Wirtshaus, derweil verfiel unser Gut Zülsdorf, ein Haus und ein gutes Stück fruchtbaren Landes. Ich bat Martinus, es für mich zu kaufen. Ich könnte dort Getreide anbauen, sagte ich ihm, und dann hätten wir keine Sorgen mehr ums tägliche Brot. Natürlich mussten wir erst den Preis aushandeln, aber der war bezahlbar, weil mein Bruder die Landwirtschaft loswerden wollte. Und so wurde der Vertrag unterschrieben und ich erhielt das Gut Zülsdorf.

Es war zwei Tagesreisen entfernt. Als ich mit Urban auf dem Kutschbock saß und die Mähnen der Pferde im Wind wehten, wurde mir so froh ums Herz wie lange nicht mehr. Wir rollten durchs Tor – die Mauern der Stadt, der Lärm des Marktes, das Klatschen und Tratschen in den Häusern, die nächtlichen Umzüge der trunkenen Studenten und der Festungsbau, mit dem der Kurfürst seine Stadt schützen wollte – das alles blieb zurück. Weit und groß breitete sich der Himmel über uns, auf den Feldern schmetterten die Lerchen ihr Gotteslob, ein jeder Wanderer grüßte freundlich, und manche sahen sich staunend um und fragten sich wohl: ›War das nicht …?‹ Ja, ich war's! Ich ließ Wittenberg hinter mir.

Lärm und Dreck durch den Festungsbau hatten wir den ganzen Tag am Schwarzen Kloster, nah an der Mauer. Das machte den Herrn Doktor so zornig, dass er wütende Briefe schrieb und mit den Kindern schimpfte. Manchmal musste ich dazwischengehen, dass es nicht zu schlimm wurde. Die Söhne ließ ich notgedrungen zurück. Sie mussten lernen. Aber Lenchen und Maruschel saßen hinten auf dem Wagen und freuten sich über die rasche Fahrt. Wir fühlten uns frei und froh an diesem Sommertag. Das war eine Reise nach meinem Herzen!

Das Gutshaus in Zülsdorf war halb zerfallen. Die Leute waren nicht mehr gewohnt zu arbeiten. Aber das änderte sich schnell.

Zuerst ließ ich das Haus notdürftig herrichten, dann besah ich mit dem Verwalter das Land und wir begannen, Gemüse anzubauen. Vieh wurde angeschafft und der Stall vergrößert. Den ganzen Tag an der frischen Luft arbeiten und abends ruhen, mit den Kindern sitzen und erzählen: wie gut mir das tat! Ich fühlte wieder Kraft in meinen Armen, und die Beine trugen mich ohne Mühe vom Stall in die Küche, in den Gemüsegarten hinaus, aufs Feld und in die Scheune.

Der Herr Doktor schrieb, er würde wohl gern nachkommen und Wittenberg für immer verlassen. Aber davor warnten die Freunde. Melanchthon wollte gar nichts davon hören. Die Universität hätte Luther auch das Gehalt gestrichen. Und der Kurfürst brauchte den Rat seines treuen Dieners, der dem Fürstenhaus die gute neue Lehre gebracht hatte. So war mein Martinus unabkömmlich. Er hat unser Zülsdorf nie gesehen – nur das in Stein gehauene Medaillon hing über dem langen Tisch im Saal des Hauses. Uns beide habe ich darstellen lassen: mich als Gutsherrin mit dem Kopftuch und ihn, ja, ihn hat der Bildhauer nicht vor Augen gehabt. Da hat er ein uraltes Bildnis des jungen Martin Luther genommen und danach das Medaillon gebildet. Ich musste ein wenig lachen, denn ich kannte meinen Eheherrn inzwischen ganz anders. Doch es war gut so: Wir beide wollten in diesem Saal frohe Stunden verleben. Und unseren Kindern würden die Bildnisse bleiben, wenn wir nicht mehr bei ihnen wären.

Aber es kam anders: Einer geflohenen Nonne hatten wir den Haushalt anvertraut. Nur leider war sie eine Betrügerin, eine Bauerntochter, die kein Kloster von innen gesehen hatte. Als sie schwanger wurde, flog der Betrug auf und mein Herr Doktor verzweifelte. Ob ich denn gar nicht mehr heimkommen wolle, schrieb er. Ach, es ging mir doch so gut. Wir hatten gerade die Ernte eingebracht, und was für eine Ernte! Und Äpfel! Und Bohnen! Das konnten die Verwalter noch verkaufen und uns einträglichen Gewinn verschaffen.

Also kehrten wir zurück. Als ich die Türme Wittenbergs von Weitem sah, wurde mir das Herz schwer. Ein Jahr später starb unser Lenchen. Meinen Herrn Doktor konnte ich nicht mehr allein lassen, er litt zu sehr unter den Steinen in seinem Leib, dem Alter und den vielen Problemen, die ihm Tag für Tag vorgelegt wurden. Der Weizen, das Obst und das Gemüse aus Zülsdorf wurden von Urban nach Wittenberg gebracht. Aber ich sah oft über die Festungsmauer hinauf in den Himmel den Vögeln nach und wünschte mir, ich könnte mit ihnen nach Zülsdorf fliegen …«

— »Bist du noch einmal dort gewesen?«, fragt Anna.

»Nein. Nach dem Tod meines Martinus brach der Krieg

aus. Zülsdorf wurde zerstört. Ich habe es nie wieder gesehen.«

Die Zellin bricht nach einer Weile das nachdenkliche Schweigen:

»Und doch, Lutherin, war dein Haus in Wittenberg ein guter Ort für alle, die dort hinkamen. Mein Matthäus und ich sind aufgebrochen, deinen lieben Herrn Doktor zu besuchen, weil seine Schriften uns den Weg gewiesen hatten aus der römischen Sklaverei. Es drängte uns, den Mann von Angesicht zu sehen, der die gute Botschaft von der Gerechtigkeit durch den Glauben in unser Land gebracht hatte. Und als ich vor ihm stand, da hätte nicht viel gefehlt und ich wäre auf die Knie gesunken. Aber er lachte nur und meinte, ich wollte ihn versuchen wie der Satan den Herrn Jesus, und das müsste ich besser anstellen, denn er wüsste genau, dass an ihm nicht viel Heiliges sei. Da kamst du über den Hof und hast uns umarmt und geküsst, hast den Weg gewiesen in die Kammern, in denen alles aufs Beste vorbereitet war, und uns ein Mahl bereitet, bei dem so viel Kluges geredet wurde, dass man kaum den Löffel zum Mund führen konnte vor Staunen. Die Studenten saßen da mit ihren Stiften, sie notierten die Worte Luthers, es sollte kein Brosamen seiner Weisheit verloren gehen. Wir vergaßen die Mühen der Reise, die uns so weit in den Norden geführt hatte. Wir froren, obwohl es Sommer war, und wärmten uns an eurer Gastfreundschaft. Matthäus aber gab keine Ruhe. Er wollte noch weiter, er wollte das Meer sehen, vor dem du gestanden hast, Wibrandis, und so reisten wir bis an die See, wo uns der kalte Wind durch alle

Hemden wehte. Ach, ich war froh, als wir wieder in unserem lieben Straßburg waren! Und doch ist es gut zu reisen, wenn es aus freiem Willen geschieht. Viel habe ich gelernt über die Menschen und ihre Sitten, wie sie ihre Häuser und Kirchen bauen und dass nicht überall die Sonne so freundlich scheint wie in unserm lieben Elsass.«

— »Da warst du nicht mehr weit von Pommern, Zellin«, sagt Elisabeth mit einem Lächeln. »Meiner Heimat! Doch als ich aus dem Kloster ging und nach Wittenberg aufbrach, da ließ ich das Land meiner Väter hinter mir. So wie mich die neue Lehre rief, so musste ich auch in ein neues Land. Und ich wurde gut aufgenommen! Schon das Haus Bugenhagens wurde mir lieb wie mein Elternhaus. Als ich dann mit Caspar lebte, gab es keinen Ort der Welt, wohin ich hätte gehen wollen. Und – Gott sei's gedankt! – wir mussten nicht fliehen!«

Anna Zwingli hat aufmerksam zugehört. »Seltsam, ich bin nie gereist und habe mich wohl deshalb auch davor gefürchtet, so sehr, dass Zwingli mir nicht sagen wollte, wenn er das Land verließ. Als er zum Religionsgespräch nach Marburg aufbrach, ließ er mich glauben, er reise nur nach Basel. Ich wunderte mich wohl, dass er so lange fortblieb, aber hätte ich es gewusst, wäre ich wohl vor Angst gestorben, denn Marburg ist doch weit, wenn auch nicht so weit wie England. Sag nur, Wibrandis, wie bist du zurückgekommen?«

Noch einmal rücken die Frauen zusammen und lauschen.

»Schon bei unserer Ankunft in Canterbury schien mir unser Freund Fagius sehr bleich und sehr müde. Das Leben im Palast des Erzbischofs war auch anstrengend: um uns her viele Bedienstete, die wir nicht mit Namen anreden konnten. Die wegräumten, was wir brauchten, und uns brachten, was wir nicht gebrauchen konnten. Empfänge, zu denen wir im Saal erscheinen mussten – und draußen lag Nebel über dem Land.

Es wurde besser, als die Vorlesungen an der Universität von Cambridge begannen. Wir konnten in ein kleines Haus ziehen und für unsere Männer selber kochen, denn die Unmengen an Fleisch – manchmal halb roh – vertrugen sie nicht. Was uns fehlte, war Gemüse und Obst. Am besten waren noch die frischen Fische, die wir aus der Küche des Erzbischofs erhielten. Aber je kürzer die Tage wurden, je kälter die Nächte, desto schwächer wurde Fagius, und die Sorge stand seiner Frau ins Gesicht geschrieben. Wir wachten in Felle und Decken gehüllt nachts an seinem Lager, als er nicht mehr aufstehen konnte. Der Erzbischof schickte seine Ärzte, doch nichts konnte ihm mehr helfen. Er fieberte und starb, als draußen die Novembernebel um das Haus stiegen. Es gelang mir kaum, die arme Frau zu beruhigen, die mehr als zwanzig Jahre mit ihm gelebt hatte. Inständig betete Bucer mit ihr. Am Ende nahm ihr Sohn sie zu sich.

Auch Bucer wurde krank. Dasselbe Fieber schüttelte ihn. Ich litt Qualen der Sorge und schlief keine Nacht. Der Erzbischof schickte jeden Tag Boten, um nach seinem Befinden zu fragen. Die Studenten standen an der Tür und wollten wissen, wann er denn endlich wiederkomme. Auf seinem Schreibtisch lag die unvollendete Arbeit ›De regno

Christi‹ – ›Von der Herrschaft Christi‹, und als er langsam zu Kräften kam, sagte er: ›Die muss ich noch vollenden, das bin ich dem Erzbischof schuldig!‹

Wir frohlockten, als endlich ein Hauch von Frühling in der Luft lag. Fagius' Witwe wollte aufbrechen, sobald es die Witterung erlaubte.

Ich saß bei Bucer und fragte: ›Was soll ich tun?‹

Er sah mich an, beschämt und traurig. Ich wusste, dass er es nicht aussprechen würde, also sagte ich: ›Ich werde bei dir bleiben. Doch dann muss ich die Kinder und meine Mutter holen.‹

In seinen Augen standen Tränen und er griff nach meiner Hand: ›Treueste Frau! Dass Gott mir dich geschenkt hat … Aber wenn du gehst, die andern zu holen, dann lass mir Agnes hier! Sonst bin ich ganz verloren und weiß nicht, was ich essen soll, so wie es war, bevor ihr kamt.‹

Agnes schluckte tapfer ihre Angst herunter. ›Ja, Mutter, ich bleibe.‹ Sie war die Einzige, die auch schon so viel Englisch sprach, dass sie im Alltag zurechtkam.

Mit der trauernden Witwe, Lisbeth und einem Begleiter, den der Erzbischof ausgesucht hatte, brach ich auf und erreichte glücklich unser liebes Straßburg. Als ich eintraf, meinten die Papisten, sie könnten nun mit dem Bucer und seiner Familie abrechnen. Vor ihr geistliches Gericht wollten sie mich stellen, aber Christoph Söll erklärte ihnen, dass wir nur dem staatlichen Gericht unterstünden. Hätte ich sie persönlich getroffen, so hätte es wohl einen Aufstand gegeben, denn mir wären böse Worte eingefallen, da bin ich sicher. Nun war der Rat der Stadt immer noch den Evangelischen wohlgesonnen, und es ist nichts weiter passiert. Ich hatte auch anderes zu tun: packen, ordnen, verkaufen. Meine Mutter saß in ihrem Stuhl und jammerte, dass sie diese Reise machen sollte! Aber als ich sagte: ›Wenn du hierbleiben willst, so muss ich eine Pflegerin für dich suchen‹, da ergab sie sich in ihr Schicksal. Nathanael konnte nicht mitkommen, das war uns klar, so blieb er bei Aletheia und Christoph.

Die Sonne stand bei uns noch hoch über dem Land, aber ich wusste, dass es in England früher Herbst wurde, und drängte darauf, abzureisen. Diesmal wollte Christoph uns nicht allein gehen lassen. Aletheia weinte und klagte. Ich versprach, dass wir ihn sogleich nach unserer Ankunft zurückschicken würden. Und so brachen wir auf, sobald alles bereit war: Christoph, Johannes, Irene, Lisbeth, meine Mutter und ich. Vor dem Rhein fürchtete ich mich nicht mehr und die Überfahrt nach Dover fand bei gutem Wetter statt, sodass meine greise Mutter am Ende strahlend auf dem Deck hockte, die kleine Lisbeth im Arm, die nun schon eine erfahrene Seefahrerin war. Johannes tobte über die Planken und wurde von den Seeleuten streng zurechtgewiesen. Wir kamen glücklich an und wurden wieder von den Wagen des Erzbischofs abgeholt und nach Cambridge gebracht. Dort sanken uns Bucer und Agnes in die Arme, und zumindest einen Augenblick lang war ich zufrieden.

Doch dann kam der Winter. Der gnädige König hatte aus seiner Schatulle einen, wie es hieß, ›deutschen‹ Kamin bezahlt und einbauen lassen. Ununterbrochen loderten die Flammen darin, aber ununterbrochen ging auch der Wind ums Haus, kalte Nässe drang durch alle Ritzen. Es gab kein Obst, kein frisches Gemüse, nur Kohl. Bucer hielt sich tapfer, er schloss die Schrift ab und arbeitete mit dem Erzbischof an dem Entwurf einer Kirchenordnung. Als der Winter schon zu Ende ging, sah ich in seinem Gesicht jedoch dieselbe Müdigkeit, die ich bei Fagius gesehen hatte. Ein Schrecken erfasste mich. Und ich wurde wieder Pflegerin, Tag und Nacht. Da kam mir eine Frau zu Hilfe, von der ich es nie erwartet hätte: die Herzogin von Suffolk. Ihr hatte mein Martin Bucer für die gute evangelische Lehre das Herz geöffnet. Sie war von tiefer Dankbarkeit erfüllt und kam in ihrer herzoglichen Kutsche vor unser Haus gefahren, brachte das Beste an Essen, was sie finden konnte, half mir den armen Kranken neu zu betten, wenn sein Lager vom Fieberschweiß durchweicht war, wachte in der Nacht, damit ich ein paar Stunden schlafen konnte – und so verbrachten wir Wochen. Er wurde immer schwächer und ein Gerücht ging um: Sein Fieber war wie das Fieber des Fagius. Sollte ein Gift die Ursache sein? Waren die beiden Glaubenstreuen Opfer der Papisten geworden?

Gott allein weiß es.

Als Bucer starb, hörte ich draußen den ersten Vogel singen. Es war März und mild geworden. Aber meinen Mann musste ich begraben – wieder einmal. Ich sage euch, Schwestern, diese Wunde ist in meinem Herzen nie mehr geheilt. Ich sagte zu Gott: ›Es ist genug, Herr!‹, und dachte nur daran, die Kinder und meine Mutter wieder in die Heimat zu bringen, um dann auch zu sterben.

Es war die kleine Lisbeth, die da plötzlich ihr tränennasses Gesicht an meine Wange schmiegte und sagte: ›Mutter, Ihr müsst aber bei uns bleiben!‹

Wir kehrten zurück und fanden unser Haus wohlbestellt und unsere Lieben gesund. Ja, in Straßburg hatten die Lutherischen das Haupt wieder erhoben. Der altgläubige Bischof vermochte sich nicht mehr durchzusetzen. Es hieß, der Kaiser habe sich zurückgezogen, es werde wohl einen Frieden geben. Doch für mich gab es keinen Frieden. Die Pest kam wieder. Und diesmal floh ich. Ich wollte nicht noch einmal am Grab meiner Kinder stehen.

So reiste ich nach Basel, wo ich einst jung war, den Cellarius und dann den Oekolampad geheiratet hatte. Als Witwe des hoch angesehenen Reformators nahm man mich in Ehren auf. Meine uralte Mutter war zufrieden und schloss bald danach die Augen für immer. Meine Kinder blieben mir erhalten, aber die arme Aletheia in Straßburg verlor ihren Christoph.

Nach allen Reisen war ich nun angekommen und erlebte noch die Zeit, in der die Evangelischen in unserm Land in Frieden lebten – wenn sie denn in den freien Städten wohnten oder unter der Herrschaft eines protestantischen Fürsten. Aber an andern Orten loderten die Scheiterhaufen umso greller, auch in England, wo man unter der Schreckensherrschaft von Maria der Katholischen unseren guten Erzbischof Cranmer verbrannte.

Doch zehn Jahre später kam die Pest mir nach, sie kam nach Basel und hauste dort so fürchterlich wie nie zuvor in dieser Stadt. Ich war alt und müde, ich wehrte mich nicht und folgte ihr auf die letzte Reise.«

— »Wir hätten auch wohl Frieden haben können in Straßburg, aber Hass und Verfolgung nahmen trotzdem kein

Ende, selbst unter den Evangelischen«, klagt die Zellin. »Was hat es mich betrübt, wie eitle lutherische Prediger gegeneinander und gegen die armen Täufer zu Felde zogen, als gelte es, den Satan von der Erde zu vertreiben! Die einen meinten, dass nur sie Luthers Lehre richtig verstanden hätten, und stritten erbittert gegen die Philippisten, die deinem guten Melanchthon anhingen, Katharina. Der suchte bis ans Ende seiner Tage immer noch Verständigung und Eintracht unter den Christen. Nie hätte Luther selbst sich so zornig gegen ihn gewandt.«

»Ja, Philipp hat schwer darunter gelitten, dass man ihm vorwarf, die Botschaft seines treuen Freundes zu verraten. Dabei suchte er doch nur, sie besser zu verstehen.«

»So war es überall. Kein Theologe traute dem andern und die einen schrien: ›Luther hat es so gemeint!‹ Und die andern: ›Nein, so!‹ Und dabei sind wir doch alle Toren und können die Wahrheit nur in einem schlechten Spiegel sehen, wie es der Apostel Paulus sagt.

Ich habe in meinen alten Tagen, als meine Beine mich schon nicht mehr tragen wollten und die Augen trübe wurden, zur Feder gegriffen, denn anderes konnte ich nicht mehr tun. Gekämpft habe ich gegen die jungen Theologen, die meinten, dass man den Glauben zwingen kann. Sagt nicht der Apostel: ›Nun aber bleiben Glaube, Hoffnung, Liebe, diese drei; aber die Liebe ist die größte unter ihnen‹?

Einer hat mich beschimpft und gemeint, ich hätte nur Unruhe in der Kirche angefangen und Gottes Urteil werde mich treffen – denn er wusste über Gottes Urteile besser Bescheid als alle anderen. Dem habe ich geantwortet und die ganze Stadt Straßburg hat es gelesen:

17

Was Katharina Zell an die ganze Bürgerschaft der Stadt Straßburg schrieb

— *»Ja, mir selbst und nicht der Kirche hab ich freilich viel Unruhe gemacht und Dinge angefangen, die vorher bei unseren Weibern nicht gewöhnlich gewesen sind, auch mir nicht viel Nachfolger gebracht haben, da ich die armen Verjagten und Elenden (die Wasser und Feuer geflohen sind) hab aufgenommen, für sie geredet und geschrieben, weder Nachrede, Hass noch Gunst angesehen, der Kirche kein Leid getan noch Unruhe angefangen, sondern allzeit freundlich gehandelt und mit allen Parteien geredet und hätte gern gesehen, dass nicht ein Bruder dem andern zum Tode geholfen hätte, sondern einander geduldet, wo das Hauptstück in der Erlösung, Verdienst und Seligmachung von Christo erhalten bliebe, wie ich immer noch tue,* *dass ich in solche Verdammung (vor der uns der Herr Christus und seine Apostel gewarnt haben) nie eingewilligt habe noch nimmermehr einwilligen will.*

Wenn ich Unruh in der Straßburgischen Kirche angefangen habe, da wollte ich gerne von ihm wissen, womit. Er nenne, in welchem Stück ichs getan habe, ob ichs nicht verantworten konnte; wie es auch alle tun, die Recht sprechen, dass sie die Klag eröffnen und den Verklagten zur Verantwortung kommen lassen. Ist da auch die Sünd der Unruhe, die ich der Kirche gemacht habe, dass ich, da andere Weiber ihr Haus geziert und auf Hoffart ausgeschaut haben, zu Hochzeiten, Freuden und Tänzen gegangen sind, ich aber in armer und reicher Leute Häuser gegangen bin, mit aller Liebe, Treue und Mitleiden, Pestilenz und Sterben getragen, die Angefochtenen und Leidenden in Türmen, Gefängnis und Tod heimgesucht und getröstet habe, allezeit des Spruches des weisen Mannes bedacht: Es ist besser in ein Klaghaus denn in ein Freudenhaus gehen. Ich hab auch (Gott sei Lob) viel drinnen gelehret und rede vor Gott, dass ich mehr Arbeit meinem Leib und Maul gegeben habe als ein Helfer oder Kaplan der Kirche, gewacht habe und gelaufen bin, Nacht und Tag, und vielmal zwei, drei Tage nichts gegessen noch geschlafen habe, deshalb mich auch mein frommer Mann (dem es so wohl gefallen) nur seinen Helfer genannt hat, ob ich schon nicht auf der Kanzel gestanden bin …«

Die anderen nicken: »Ja, Zellin, so war es!«

18

Wie die Versammlung zu Ende geht

Lange haben die Frauen beieinandergesessen.

Die Lutherin wendet sich noch einmal den anderen zu: »Wir haben einander viel erzählt, Schwestern. Auch das, was wir voneinander nicht wussten, als wir noch auf der Erde lebten. Es war eine Zeit, in der Neues anbrach. Bedeutende Männer haben durch ihre Einsicht und ihr Tun die Welt verändert, und wir hatten Anteil daran, auch wenn viele das nicht erkannten oder nicht wissen wollten. Aber Gott hat unsere Mühe und Sorge um die Ehemänner, die Kinder, die Verfolgten, die Gäste, die Kranken gesehen und hat uns in unserer Schwachheit gesegnet. Es konnten große Dinge geschehen, weil sie satt wurden, weil wir sie gepflegt haben. Wir alle haben Spuren hinterlassen. Auch du, Katharina Kreutter! Wer heute deine Stimme hört, den schaudert es und er begreift, dass die Menschen anders miteinander umgehen müssen, in jeder Zeit und überall auf der Welt. Mit uns flehen die Gläubigen zu Gott, unserm Vater:

Mögen doch endlich Verfolgung und Folter ein Ende haben!«

»Und der frühe Tod der Kinder, Zellin!«

»Und die Schlachten des Krieges, in denen unser Glück verblutet, Anna!«

»Und die Gewalt der Pest, die unsere Liebsten von uns reißt, Wibrandis!«

»Und die Verachtung der Gaben, mit denen eine Frau von Gott gesegnet wird, Elisabeth!«

»Und die Einsamkeit zwischen den Nächsten im eigenen Haus, Frau Argula!«

»Und die Härte der Starken gegen die Schwachen, Idelette!«

»Und die Not und Sorge um unsere Kinder, Katharina!«

»Und die bitteren Schmerzen, wenn wir sterben müssen, Lutherin!«

So sprechen die Frauen zum Abschied einander zu, und ihre Stimmen verklingen.

WAS WIR ÜBER DIE FRAUEN WISSEN

Wissenschaftlich gesehen: nicht viel! Nur wenige schriftliche Zeugnisse sind überliefert. Einzig von Katharina Zell haben wir ausführliche Texte, in denen sie über ihr Leben an der Seite des Reformators Matthäus Zell reflektiert, so in dem *Brief an die gantze Burgerschaft der Statt Straßburg* von 1557. Argula von Grumbach hat Briefe und Flugschriften verfasst, und ihre Texte wurden weit verbreitet und kontrovers diskutiert. Elisabeth Cruciger hat mehr als ein Lied geschrieben, aber nur eines ist erhalten geblieben. Katharina Luther hat mit ihrem Mann viele Briefe gewechselt, nur einen Brief von ihrer Hand kennen wir in seinem Wortlaut. Von anderen Frauen, die an der »Versammlung« teilnehmen, haben wir nicht ein einziges schriftliches Zeugnis und von den meisten auch kein Bild.

Und trotzdem: In der Reformationszeit tritt die Familie in das Bewusstsein der Öffentlichkeit. Und so erfahren wir aus den Briefen, Schriften und Äußerungen der bedeutenden Reformatoren einiges über ihre Frauen, über ihre Kinder, über die Probleme und das Glück der Ehe. Diese neue Haltung gegenüber ihren Familien hat in die Gesellschaft hinein gewirkt.

In der frühen Christenheit und im Mittelalter lebten die großen Denker und Theologen zölibatär. Oft hatten sie Frauen, die aber entweder einfach weggeschickt wurden – wie es beim Kirchenvater Augustinus der Fall war – oder versteckt im Dunkeln lebten, ebenso wie deren Kinder. Obwohl die Verachtung des Weiblichen und der Sexualität nicht auf Jesus von Nazareth zurückgeführt werden kann, wurde sie als Glaubensinhalt tradiert. Wir können heute kaum mehr ermessen, was es bedeutete, dass am Anfang des 16. Jahrhunderts auf einmal anerkannte Wissenschaftler, Doktoren, Professoren der Theologie und geistliche Berater von Fürsten und Königen Frauen an ihrer Seite hatten, die jeder notgedrungen kennenlernte, der mit ihnen Umgang pflegte. In ihren (lateinischen!) Briefen berichteten sie einander von Geburten und Todesfällen, selbst noch nicht geübt im Umgang mit den Gefühlen, die einen Familienvater bewegen. Luthers Brief an den Freund Nikolaus Hausmann vom 5. August 1528 ist dafür ein eindrucksvolles Beispiel:

Gestorben ist mir mein Töchterlein Elisabethchen; es ist seltsam, welch trauriges, fast weibisches Herz sie in mir hinterlassen hat, so bewegt mich der Jammer über sie. Nie zuvor hätte ich geglaubt, dass die väterlichen Herzen bei ihren Kindern so weich werden.

Dieser grundlegenden Veränderung im Alltagsleben von Männern und Frauen in der Reformationszeit will der vorliegende Text nachspüren und ihre Bedeutung wahrnehmbar machen.

Katharina Kreutter

Über Katharina Kreutter ist nichts bekannt als das, was in der Chronik der Stadt Mühlhausen steht. Marion Kobelt-Groch (s. Literaturhinweise, S. 147-154) hat das Protokoll des Verhörs vom Juni 1525 ausgewertet.

ZEITTAFEL

1466	Katharina wird in Mühlhausen geboren und getauft. Sie heiratet den Gerber Claus Kreutter.
1523	An den Unruhen und Plünderungen zu Weihnachten ist sie beteiligt. Sie feiert Gottesdienst mit den Anhängern Thomas Müntzers, wird von den Glaubensgenossen getauft und teilt selbst das Abendmahl aus.
1525	Nach der Schlacht bei Frankenhausen wird Katharina verhaftet, verhört, gefoltert, gebrandmarkt und aus der Stadt gejagt. Ihre Spur verliert sich.

Anna Zwingli

Von Anna Zwingli, geborene Reinhart, gibt es kein Bild und keinerlei schriftliches Zeugnis. Sie wird von Zeitgenossen als eine auffällig schöne Frau beschrieben. Was wir über sie und ihr Leben wissen, beruht auf den Quellen der Stadt Zürich, der Familienchronik ihres ersten Mannes und den Überlieferungen der frühen reformierten Kirche.

ZEITTAFEL

1484	Anna wird als Tochter der Wirtsleute Oswald und Elisabeth Reinhart in Zürich geboren.
um 1504	Sie heiratet den Patriziersohn Johann Meyer von Knonau, der daraufhin von seinen Eltern enterbt wird.
1505	Geburt der Tochter Margaretha.
1507	Geburt der Tochter Agathe.
1509	Geburt des Sohnes Gerold.
1512	Der Sohn Gerold wird von der Familie von Knonau aufgenommen.
1517	Johann von Knonau kehrt von einem Kriegszug mit Schweizer Söldnern verwundet nach Zürich zurück und stirbt.
1518	Zwingli wird von den Chorherren des Großmünsters als Pfarrer berufen. Auch das Bekenntnis einer unerlaubten Liebesbeziehung hindert die Berufung nicht.
1519	Zwingli kommt nach Zürich und erkrankt an der Pest. Er wird von Anna gepflegt.
1522	Anna heiratet Zwingli. Die Verbindung bleibt geheim.
2. April 1524	Das Paar wird offiziell getraut.
31. Juli 1524	Geburt der Tochter Regula.
1526	Geburt des Sohnes Wilhelm.
1528	Geburt des Sohnes Huldreich (Ulrich).
1530	Geburt und Tod der Tochter Anna.
11. Oktober 1531	In der Schlacht bei Kappel gegen die katholischen Kantone fallen Annas Sohn Gerold, ihr Bruder Bernhard, ein Schwager, der Schwiegersohn Anton Witz und Zwingli.
1538	Anna stirbt in Zürich.

Argula von Grumbach

Eine Porträtmedaille aus Blei von Hans Schwarz (im Germanischen Nationalmuseum Nürnberg) soll Argula von Grumbach darstellen, weitere Bilder gibt es nicht.

ZEITTAFEL

zwischen 1490 und 1492	Argula von Stauff wird wahrscheinlich auf der Burg Ehrenfels in Beratzhausen geboren.
um 1500	Argula erhält von ihrem Vater eine Bibel in deutscher Übersetzung (Koberger-Bibel).
1507–1510	Argula ist Hofdame bei der Herzogin Kunigunde in München. Während dieser Zeit sterben beide Eltern an der Pest.
1510	Argula heiratet Friedrich von Grumbach.
1513	Geburt des Sohnes Georg.
1515	Umzug der Familie nach Dietfurt im Altmühltal, wo Friedrich eine einträgliche Stellung erhält. Über die Geburt des zweiten Sohnes Hans-Jörg liegen keine genaueren Informationen vor.
1522	Als Antwort auf einen Brief widmet Luther Argula von Grumbach ein Gebetbüchlein. Die Tochter Apollonia wird geboren.
1523	Arsacius Seehofer wird in Ingolstadt unter Androhung von Folter und Tod gezwungen, seine lutherische Gesinnung zu verleugnen. Argula versucht vergeblich, bei Osiander in Nürnberg für ihn Unterstützung zu finden, und schreibt dann Protestbriefe.
1524	Flugschriften gegen Argula und ihre schriftliche Verteidigung verbreiten sich in Bayern. Friedrich von Grumbach wird seines Amtes enthoben. Die Familie zieht auf das Familiengut nach Lenting (bei Ingolstadt) und wohnt zeitweise in Burggrumbach (bei Würzburg). Der jüngste Sohn Gottfried wird geboren.

1529	Friedrich von Grumbach stirbt.
1530	Argula besucht Martin Luther während des Reichstags in Augsburg auf der Veste Coburg.
1533	Zweite Ehe mit dem protestantischen Grafen Burian von Schlick, der schon 1535 stirbt.
1539	Die Tochter Apollonia und der Sohn Georg sterben kurz hintereinander.
um 1543	Der Sohn Hans-Jörg kommt bei einer Schlägerei ums Leben. Gottfried kehrt zu seiner Mutter zurück.
1554	Argula von Grumbach stirbt in Zeilitzheim bei Schweinfurt. Nach einer anderen Überlieferung ist sie identisch mit einer ›alten Staufferin‹, die 1563 in der Nähe von Regensburg der lutherischen Umtriebe beschuldigt wird. Danach wäre sie erst nach 1564 gestorben.

Roland H. Bainton (s. Literaturhinweise, S. 117) hat eine Stelle in den Briefen von Martin Bucer gefunden, wo sich der Straßburger Reformator über die Taktlosigkeit der Frau von Arcadius Seehofer beklagt.

SPEZIELLE LITERATUR

Uwe Birnstein: Argula von Grumbach. Das Leben der Bayrischen Reformatorin. Mit einem Reiseführer: Auf Argulas Spuren. Neufeld Verlag, Schwarzenfeld 2014.

Theodor Kolde: Arsacius Seehofer und Argula von Grumbach; in: Beiträge zur bayrischen Kirchengeschichte XI, 1905, S. 177.

Die Texte von Argulas Briefen sind abgedruckt in: Beiträge zur bayrischen Kirchengeschichte XI/XII, S. 66/67 und 111/112.

Katharina Melanchthon

Obwohl sie mit dem wichtigsten Mitarbeiter Martin Luthers und einem der herausragendsten Humanisten und Theologen seiner Zeit verheiratet war, ist kein einziges schriftliches Zeugnis von der Hand Katharina Melanchthons erhalten. Es war ihr Mann Philipp, der in seinen Briefen viel über sie berichtet hat, anfangs eher kritisch, denn er war diese Ehe, ebenso wie sie, nur unfreiwillig eingegangen. Im Laufe der Jahre jedoch ist zwischen beiden eine tiefe Verbundenheit gewachsen.

ZEITTAFEL

1497	Katharina wird als Tochter des Gewandschneiders und Bürgermeisters (seit 1494) Hans Krapp in Wittenberg geboren.
November 1520	Katharina (mit 23 Jahren schon eine relativ alte Braut) heiratet den gleichaltrigen Philipp Melanchthon. Philipp nennt diesen Tag in einem griechisch (!) geschriebenen Brief den »Tag der Trübsal«.
24. August 1522	Geburt der Tochter Anna.
21. Februar 1525	Geburt des Sohnes Philippus (Lippus), Melanchthon erhält eine Gehaltserhöhung von 60 auf 200 Gulden im Jahr. Katharina ist lange krank.
1526 oder 1527	Geburt des Sohnes Georg, im Kleinkindalter gestorben.
19. Juli 1531	Geburt der Tochter Magdalena.
1536/37	Die Familie bekommt ein neues Haus, um Melanchthon davon abzuhalten, an eine andere Universität zu wechseln.
1536	Die Tochter Anna heiratet mit 14 Jahren den 28-jährigen Georg Sabinus, der die junge Frau und damit die ganze Familie durch krankhafte Eifersucht quält. Das junge Paar wohnt in Halle, Frankfurt/Oder und Königsberg. Zur Geburt des vierten Kindes reist Katharina nach Frankfurt. Die Eltern befürworten eine Scheidung.

27. Februar 1547	Anna stirbt nach der Geburt des sechsten Kindes in Königsberg.
11. Oktober 1557	Katharina stirbt nach langjähriger Krankheit in Wittenberg, von Melanchthon, der zu dieser Zeit in Worms verhandelt, tief betrauert.

SPEZIELLE LITERATUR

Stefan Rhein: »Catharina magistri Philippi Melanchthonis Ehelich weib«. Ein Wittenberger Frauenschicksal in der Reformationszeit; in: Frauen mischen sich ein. Wittenberger Sonntagsvorlesungen. Wittenberg 1995, S. 37-54.

Katharina Zell

Auch von Katharina Zell gibt es kein Bild, aber sie hat ein beachtliches schriftliches Werk hinterlassen, das 1998 von Elsie Anne McKee neu herausgegeben wurde (s. spezielle Literatur). Die Zitate im Text sind dem Quellenheft von Käthe Stricker (s. Literaturhinweise, S. 46ff.) entnommen. Die Abschnitte aus dem Brief an die Bürgerschaft der Stadt Straßburg sind nach dem als Google-Book im Internet veröffentlichten Faksimile zitiert und behutsam neuem Sprachgebrauch angepasst worden. Bis heute prägende Vorstellungen von den Aufgaben eines evangelischen Pfarrhauses sind ebenso wie bei den Luthers in Wittenberg von dem Ehepaar Zell in Straßburg entwickelt und umgesetzt worden.

ZEITTAFEL

um 1497	Katharina Schütz wird als Tochter eines Schreinermeisters in Straßburg geboren. In ihrer Jugend leidet sie ähnlich wie Luther unter großer Angst vor dem Gericht Gottes.
1518	Matthäus Zell wird Priester in Straßburg und trotz des Widerstandes durch das Domkapitel Prediger am Münster.

1523	Martin Bucer, seit 1522 mit der entflohenen Nonne Elisabeth Silbereisen verheiratet und vom Bischof exkommuniziert, kommt nach Straßburg. Er fordert die lutherisch gesinnten Pfarrer auf, in den Stand der Ehe zu treten.
3. Dezember 1523	Katharina heiratet den zwanzig Jahre älteren Matthäus Zell. Sie verliert in den folgenden Jahren zwei Kinder im Säuglingsalter. Ihr Haus öffnet sich für zahllose Glaubensflüchtlinge und Hilfesuchende (nachgewiesen sind bis zu 80 Übernachtungen). Gleichzeitig leidet sie auch immer wieder unter Depressionen und schweren Ängsten.
1525	Zusammen mit Vertretern des Rats und der Gemeinde organisiert Katharina die Aufnahme von mehr als 2.000 Bauernkriegsflüchtlingen in Straßburg. (Straßburg zählt etwa 25.000 Einwohner.) Die Flüchtlinge werden für ein halbes Jahr in Privathäusern und der ehemaligen Franziskanerkirche untergebracht.
1529	Auf dem Weg zum Religionsgespräch nach Marburg sind Zwingli und Oekolampad in Straßburg Gäste von Katharina und Matthäus Zell.
1534	Katharina gibt ein »Lehr-, Gebet- und Dankbuch« mit Kirchenliedern heraus.
1538	Calvin hält sich, nachdem die Genfer Bürger ihn vertrieben haben, bei den Zells in Straßburg auf. Er übernimmt bis 1541 die Seelsorge für die französisch sprechenden Glaubensflüchtlinge. Katharina und Matthäus Zell reisen nach Wittenberg und besuchen die Familie Luther.
Januar 1548	Matthäus Zell stirbt. An seinem Grab hält Katharina eine Predigt. Sie bleibt bis 1550 als Witwe im Pfarrhaus wohnen.

1557	Katharina veröffentlicht ihren Briefwechsel mit dem radikalen evangelischen Prediger Ludwig Rabus, der auch einmal in ihrem Haus Aufnahme gefunden hatte. Sie verteidigt ihre tolerante Haltung gegenüber Andersdenkenden und verurteilt die Intoleranz der jüngeren Theologen.
1562	Katharina hält einer Freundin, die den Täufern nahestand, die Grabrede, weil kein protestantischer Pfarrer diese Aufgabe übernehmen wollte. Sie muss im Wagen zum Friedhof gefahren werden, weil sie schwer krank ist.
5. September 1562	Katharina stirbt und wird unter großer Anteilnahme der Bevölkerung zu Grabe getragen.

SPEZIELLE LITERATUR

Elsie Anne McKee (Hrsg.): Katharina Schütz Zell. Vol. 1: The life and thought of a sixteenth-century reformer (Studies in medieval and reformation thought; Bd. 69). Brill, Leiden 1998.

Elsie Anne McKee (Hrsg.): Katharina Schütz Zell. Vol. 2: The writings. A critical edition (Studies in medieval and reformation thought; Bd. 69). Brill, Leiden 1998.

Katharina Luther

Über die Frau Martin Luthers ist mehr bekannt als über alle anderen Frauen der Reformationszeit, persönliche Äußerungen finden wir jedoch nur in einem Brief, den sie nach Luthers Tod an ihre Schwägerin Christina von Bora schrieb, und indirekt in den Aufzeichnungen von Luthers Tischgesprächen. Die Briefe des Reformators handeln häufig von Käthes Gesundheit, ihren Aktivitäten und gelegentlich von ihren Ansichten.

Lukas Cranach hat die aus dem Kloster entflohene Katharina von Bora gemalt und nach der Hochzeit Martin Luther und seine Frau porträtiert. Auch im Gutshaus von Zülsdorf hingen nach 1540 im Speisesaal Medaillons mit Darstellungen Luthers und seiner Frau. Nach dem Abriss des Hauses wurden die

Porträts des Ehepaares in die Kirche von Kieritzsch gebracht. Dieses Bild von Katharina als reifer Frau mit Kopftuch findet sich später auf der Grabplatte in der Marienkirche zu Torgau wieder.

ZEITTAFEL

29. Januar 1499	Katharina wird als Tochter des Hans von Bora in Lippendorf/Sachsen geboren. Die Mutter stirbt früh.
1505	Der Vater bringt Katharina in die Klosterschule der Benediktinerinnen nach Brehna.
1509	Katharina wird in das Zisterzienserinnenkloster Marienthron in Nimbschen bei Grimma aufgenommen. Äbtissin ist eine Tante mütterlicherseits. Die Schwester ihres Vaters, Magdalena von Bora, ist Apothekerin und »Siechenmeisterin«.
1515	Katharina legt die »ewigen Gelübde« ab.
4./5. April 1523	In der Osternacht wird Katharina mit acht anderen Nonnen vom Kaufmann Leonhard Koppe nach Torgau gebracht.
1523–1525	Katharina lebt beim Stadtschreiber Reichenbach und später im Hause des Malers Lukas Cranach. Der Nürnberger Patriziersohn Hieronymus Baumgärtner verspricht ihr die Ehe, lässt aber nach seiner Abreise nichts mehr von sich hören. Katharina lehnt im Gespräch mit Amsdorf eine Ehe mit dem Doktor der Theologie Caspar Glatz ab, nennt aber Luther und Amsdorf als mögliche Partner.
13. Juni 1525	Bauernkrieg. Martin Luther und Katharina heiraten vor wenigen Zeugen.
27. Juni 1525	Offizielle Hochzeitsfeier.
7. Juni 1526	Geburt des Sohnes Johannes Luther (»Hänschen«).
1527	Pestepidemie. Elisabeth Luther wird geboren.

3. August 1528	Elisabeth stirbt.
4. Mai 1529	Geburt der Tochter Magdalene (»Lenchen«).
9. November 1531	Geburt des Sohnes Martin.
28. Januar 1533	Geburt des Sohnes Paul.
17. Dezember 1534	Geburt der jüngsten Tochter Margarete (»Maruschel«).
1537	Die Kurfürstin von Brandenburg wird im Schwarzen Kloster gepflegt.
1539	Neue Pestepidemie in Wittenberg, Aufnahme von vier verwaisten Kindern.
Januar 1540	Katharina ist nach einer Fehlgeburt schwer krank.
Mai 1540	Luther kauft das Gut Zülsdorf für Katharina.
Sommer 1541	Katharina hält sich monatelang in Zülsdorf auf.
20. September 1542	Magdalene stirbt.
18. Februar 1546	Luther stirbt in Eisleben. Er wird am 22. Februar in der Schlosskirche beigesetzt. Sein Testament, in dem er Katharina als Vormund für die Kinder einsetzt, wird nicht anerkannt.
November 1546	Katharina flieht vor den kaiserlichen Truppen nach Magdeburg.
April 1547	Katharina flieht erneut, diesmal nach Braunschweig.
Juni 1547	Die Familie kehrt nach Wittenberg zurück, alle Gärten sind zerstört. Katharina führt mehrere Prozesse um das Gut Zülsdorf.
September 1552	Erneut bricht die Pest in Wittenberg aus, die Universität wird nach Torgau verlegt. Katharina verlässt Wittenberg mit den Kindern Paul und Margarete. Auf der Straße nach Torgau scheuen die Pferde, sie stürzt in einen Graben und verletzt sich schwer.

20. Dezember 1552	Katharina stirbt in Torgau. Sie wird in der Schlosskirche begraben. Melanchthon hält die Grabrede.

SPEZIELLE LITERATUR

Die Literatur zu Katharina Luther steht bis in unsere Tage hinein unter der Überschrift Katharina von Bora. Sie hat sich jedoch selbst nach 1525 als »Lutherin« bezeichnet, während die Gegner Luthers stets von »Katharina von Bora« sprachen, da sie die Ehe nicht anerkannten. So erscheint es den meisten Autoren heute sinnvoll, sie so zu nennen, wie sie sich selbst nannte. Es gibt zahlreiche ältere und neuere wissenschaftliche Biografien sowie literarische Darstellungen zu ihrer Person. Zu den Letzteren gehören:

B. J. Hermann: Katharina Lutherin geb. von Bora. Vom Teppich meines Lebens. Koehler Verlag, Herford 1983.

Ursula Koch: Rosen im Schnee. Katharina Luther, geb. von Bora. Brunnen Verlag, Gießen 1995.

Eva Zeller: Die Lutherin. Piper Verlag, Stuttgart 1996.

Wissenschaftliche Biografien (Auswahl)

Albrecht Thoma: Katharina von Bora. Berlin 1900.

Ernst Kroker: Katharina von Bora. Evangelische Verlagsanstalt, Berlin o. J.

Martin Treu: Katharina von Bora. Drei-Kastanien-Verlag, Wittenberg 2011.

Elisabeth Cruciger

Elisabeth gehört zu den Frauen der Reformation, von denen wir kein gesichertes Porträt kennen. Aus der großen Anzahl schriftlicher Zeugnisse, die den Zeitgenossen bekannt waren, sind nur noch das Gesangbuchlied und Zitate aus einem Brief, den sie mit 15 oder 19 Jahren an einen getauften Juden schrieb, erhalten geblieben. Hinweise in Briefen Luthers und anderer Wittenberger Theologen zeigen, dass sie als eine kluge und theologisch gebildete Frau galt.

Ihr Mann, Caspar Cruciger, war nicht nur ein anerkannter Theologe, sondern auch begeisterter Astronom. Die Tochter Elisabeth, nach einer ersten Ehe schon früh verwitwet, heiratete 1553 Luthers ältesten Sohn Hans.

ZEITTAFEL

zwischen 1500 und 1504	Elisabeth von Meseritz wird in Pommern geboren.
	Das Datum ihres Eintritts ins Kloster Marienbusch bei Treptow an der Rega (Prämonstratenserinnen) ist unbekannt.
ab 1517	Johannes Bugenhagen hält im benachbarten Kloster Belbuck Vorlesungen, ein Unterricht im Frauenkloster ist nicht nachweisbar, es muss jedoch Kontakte gegeben haben.
1521	Bugenhagen geht nach Wittenberg, um dort Theologie zu studieren. Unter dem Eindruck von Luthers Botschaft löst sich das Kloster Belbuck auf. Caspar Cruciger kommt nach Wittenberg.
um 1522	Elisabeth erreicht Wittenberg und wird ins Haus Bugenhagens und seiner Frau Walburga aufgenommen. Wann und auf welchem Wege sie das Kloster verlässt, ist nicht belegt.
14. Juni 1524	Martin Luther traut Caspar Cruciger und Elisabeth, den Text seiner Ansprache hält der kurfürstliche Sekretär und Lutherfreund Georg Spalatin schriftlich fest. Die Hochzeitsfeier wird von Bugenhagen ausgerichtet, aus einem Brief geht hervor, dass auch Verwandte Elisabeths daran teilnehmen. Im selben Jahr verfasst Elisabeth das Lied »Herr Christ, der einig Gotts Sohn«.
1525	Caspar Cruciger der Jüngere wird geboren.

1526	Caspar Cruciger wird Rektor der Johannisschule in Magdeburg. Die Familie zieht um.
1526 oder 1527	Die Tochter Elisabeth Cruciger wird geboren.
1528	Die Familie kehrt nach Wittenberg zurück. Es besteht eine intensive Beziehung zwischen den Familien Luther und Cruciger (Austausch von Geschenken).
2. Mai 1535	Elisabeth stirbt in Wittenberg. Über die Todesursache ist nichts bekannt.

SPEZIELLE LITERATUR

Elisabeths Lied steht im Evangelischen Gesangbuch unter der Nummer 67.

Zitate aus dem Brief Elisabeths an den getauften Juden Joachim von Stettin bei Domröse (s. Literaturhinweise, S. 62).

Wibrandis Rosenblatt

Als einzige der in diesem Buch dargestellten Frauen nennen wir Wibrandis mit ihrem Geburtsnamen, da sie viermal verheiratet war. Alle ihre Ehemänner haben sie als eine überaus verständnisvolle, fleißige und ehrbare Frau beschrieben, und sie fand ihr Grab an einem Ehrenplatz in ihrer Heimatstadt Basel. Offensichtlich entsprach Wibrandis den Idealvorstellungen einer Ehefrau, insbesondere denen einer Pfarrfrau. Als heutige Leser wünschten wir uns schriftliche Zeugnisse von ihr, die aber sind kaum vorhanden (Zitat aus einem Brief an den Sohn Johannes Simon Capito bei Domröse, s. Literaturhinweise, S. 99). Dabei ist ihr Leben von so vielen Brüchen und Ortsveränderungen gekennzeichnet wie bei keiner anderen der hier dargestellten Frauen. Kaum vorstellbar ist es für uns, dass sie fünf ihrer elf Kinder und alle vier Ehemänner nach jeweils einigen Jahren Ehe verlor.

Es gibt ein Porträt von Wibrandis in der Universitätsbibliothek Basel. Sie galt den Zeitgenossen als schöne Frau: *So voll Anmut die Rose, dass kaum eine schönere / schauten je des Elsasses Au'n noch die Gefilde der Schweiz*, heißt es in einem anonymen Gedicht über Wibrandis Rosenblatt.

ZEITTAFEL

1504	Wibrandis wird in Säckingen als Tochter des kaiserlichen Feldhauptmanns Rosenblatt geboren. Ihre Mutter zieht mit zwei Kindern nach Basel, woher sie stammt und wo sie Angehörige hat.
1524	Wibrandis heiratet den Basler Humanisten Ludwig Cellarius (Keller). Eine Tochter wird geboren, die wie die Mutter Wibrandis heißt.
1526	Cellarius stirbt. Wibrandis wendet sich der neuen Lehre zu.
1528	Der Basler Reformator Johannes Oekolampad, bereits 46 Jahre alt, verliert seine Mutter, die ihm den Haushalt führte, und bleibt mit dem alten Vater allein. Wibrandis willigt ein, ihn zu heiraten.
24. Dezember 1528	Geburt des Sohnes Eusebius.
1529	Auf dem Weg zum Religionsgespräch nach Marburg kommt Zwingli nach Basel und reist gemeinsam mit Oekolampad weiter.
März 1530	Geburt der Tochter Irene, Besuche von Wolfgang Capito und Martin Bucer aus Straßburg.
1531	Geburt der Tochter Aletheia, Oekolampad stirbt.
1532	Wibrandis heiratet den verwitweten Straßburger Propst Wolfgang Capito und zieht mit ihren Kindern nach Straßburg.
1533	Geburt der Tochter Agnes.
1535	Geburt der Tochter Dorothea.
1537	Geburt des Sohnes Johannes Simon.

1538	Geburt des Sohnes Wolfgang.
um 1539	Tod der Tochter Irene (von Oekolampad)
1541	Geburt der Tochter Irene (von Capito). Die Tochter Wibrandis heiratet. In Straßburg bricht die Pest aus: Eusebius, Dorothea, Wolfgang und der Vater Wolfgang Capito sterben. Im Hause Martin Bucers sterben vier Kinder. Die Mutter Elisabeth nimmt Bucer auf dem Sterbebett das Versprechen ab, Wibrandis zu heiraten.
16. April 1542	Wibrandis heiratet den Reformator Martin Bucer. In dem Haushalt der Familie leben Aletheia, Agnes, Johannes, Irene und der behinderte Sohn von Martin Bucer, Nathanael. Zeitweise versorgt Wibrandis neben ihrer eigenen Mutter auch den Vater Bucers und dessen zweite Frau.
1543	Geburt des Sohnes Martin.
1545	Geburt der Tochter Elisabeth (»Lisbeth«). Martin stirbt als Kleinkind. Die verwaiste Nichte Margarethe Rosenblatt wird aufgenommen.
1546	Schmalkaldischer Krieg. Die protestantischen Fürsten werden von den kaiserlichen Truppen besiegt.
1548	Das »Augsburger Interim« zwingt die Evangelischen, zur katholischen Lehre zurückzukehren. Bucer wird aus Straßburg ausgewiesen, jedoch mit seinem Freund Paul Fagius mehrere Wochen im Haus von Katharina Zell versteckt. Danach brechen beide ins Exil nach England auf.
Sommer 1549	Wibrandis reist mit Agnes und Elisabeth zu Bucer nach Cambridge. Agnes bleibt dort, um Bucer zu versorgen.

Frühjahr 1550	Wibrandis kehrt nach Straßburg zurück.
Spätsommer 1550	Mit ihrer alten Mutter und den Kindern bricht Wibrandis noch einmal nach England auf. Sie wird von dem Pfarrer Christoph Söll begleitet, der ihre Tochter Aletheia geheiratet hat.
1. März 1551	Bucer stirbt in Cambridge. Wibrandis kehrt mit ihrer Familie nach Straßburg zurück.
Juli 1553	In Straßburg bricht noch einmal die Pest aus, Aletheias Mann fällt ihr zum Opfer. Wibrandis zieht mit ihrer Mutter, Agnes, Johannes, Irene und Elisabeth nach Basel.
1. November 1564	Wibrandis stirbt an der Pest, die in Basel 7.000 Menschen das Leben kostet. Sie wird an der Seite Oekolampads im Kreuzgang des Basler Münsters beigesetzt.

SPEZIELLE LITERATUR

Ausführliche Zitate aus den Briefen Martin Bucers aus England finden sich bei Bainton (s. Literaturhinweise, S. 95 ff.). Hiernach wird im Text zitiert.

Idelette Calvin

Die Bewertung des Wirkens und der Persönlichkeit Calvins (und damit auch der Lebensumstände seiner Frau) ist immer wieder Gegenstand der theologischen und historischen Diskussion. Ungeachtet seiner Verdienste lässt sich nicht leugnen, dass es in Genf in seiner Zeit über 1.000 Prozesse gab, mehr als 60 Menschen hingerichtet, 80 oder mehr verbannt wurden. Die Gefängnisse müssen überfüllt gewesen sein, denn man spricht von 800 bis 900 eingekerkerten Personen. Obwohl Calvin nicht direkt an den Prozessen beteiligt war, ist sein Einfluss unbestritten. Großes Aufsehen erregte in ganz Europa die Verbrennung des Michel Servet 1553, die Idelette nicht mehr erlebte. Servet leugnete die Trinität. Er hatte viele Anhänger gefunden

und beugte sich nicht der Autorität Calvins. Daraufhin ließ dieser ihn vom Rat zum Tode verurteilen und hinrichten. Heute steht ein Gedenkstein für Servet in Genf.
Als Entschuldigung für Calvins Haltung wird immer wieder angeführt, dass man heutige Vorstellungen von Menschenrecht und Toleranz nicht auf die damalige Zeit übertragen dürfe. Gerade die Beschäftigung mit einer Persönlichkeit wie Katharina Zell zeigt jedoch, dass es durchaus Christen gab, die aufgrund ihres Glaubens jede Verfolgung Andersdenkender ablehnten. Auch wenn Luther an die Existenz von Hexen glaubte und ihre Verurteilung in Predigten forderte, so war er nie an einem Hexenprozess beteiligt, denn er gab nichts auf unbewiesene Anschuldigungen. Die Verbrennung Andersdenkender lehnte er ab und schreibt über den Umgang mit Täufern (in seiner Schrift: Von der Wiedertaufe an zwei Pfarrherrn. Ein Brief Martin Luthers. Zitiert nach Andrea von Dülmen, s. Literaturhinweise, S. 146): *Doch ist's nicht recht, und ist mir wahrlich leid, dass man solche elende Leute so jämmerlich ermordet, verbrennet und greulich umbringt. Man sollt ja einen jeglichen lassen gläuben, was er wollt.* Und im Hessen des evangelischen Landgrafen Philipp gab es während dessen Regierungszeit kein Todesurteil wegen religiöser Überzeugung. Katharina Zell hat Calvin scharf kritisiert.
In Biografien Calvins taucht der Name seiner Frau kaum auf. Aus der neunjährigen Ehe sind auch nur wenige Äußerungen Calvins überliefert, die uns eine Vorstellung von der Persönlichkeit Idelettes vermitteln könnten. Wenn er nach ihrem Tod hervorhebt, dass sie ihm nie auch nur das geringste Hindernis in den Weg gelegt habe (Calvin, Briefe II, zitiert nach Ellrich, s. Literaturhinweise, S. 31), so wird ihre Rolle in der Beziehung deutlich. Aus diesem Grund wissen wir von Idelette noch weniger als von den Frauen der anderen Reformatoren. Eine belgische Briefmarke von 1964 zeigt ihr Bild nach einem zeitgenössischen Porträt, dessen Herkunft unbekannt ist.

ZEITTAFEL

1507	Idelette wird als Tochter des Kaufmanns Lambert de Bure und seiner Frau Isabelle in Lüttich geboren.
um 1520	Die Familie bekennt sich zur lutherischen Lehre, wird aber gezwungen abzuschwören.
vor 1533	Idelette heiratet den Täufer Jean Stordeur. Das Paar hat zwei Kinder, die Tochter Judith und einen Sohn.
1533	Ebenso wie Idelettes Bruder Lambert wird die Familie Stordeur aus Lüttich verbannt. Sie fliehen auf Umwegen nach Straßburg.
1539	Calvin, der die französisch sprechenden Flüchtlinge in Straßburg betreut, gelingt es, die Stordeurs vom Täufertum abzubringen.
Frühjahr 1540	Jean Stordeur stirbt an der Pest.
August 1540	Idelette heiratet Calvin in Straßburg.
1541	Idelette und ihre Tochter folgen Calvin nach Genf.
28. Juli 1542	Geburt des Sohnes Jacques, der wenige Tage später stirbt.
1544	Totgeburt eines Mädchens.
1545	Pestepidemie in Genf. 34 Männer und Frauen werden verdächtigt, durch Hexerei die Krankheit verursacht zu haben. Sie gestehen unter der Folter und werden auf grausamste Weise hingerichtet. Idelette ist schwer krank.
März 1549	Idelette stirbt in Genf.

SPEZIELLE LITERATUR

Uwe Birnstein: Der Reformator. Wie Johannes Calvin Zucht und Freiheit lehrte. Wichern Verlag, Berlin 2009.

DATEN ZUR GESCHICHTE DER REFORMATION (1517–1564)

31. Oktober 1517	Luther veröffentlicht seine 95 Thesen an der Schlosskirche in Wittenberg.
1518	Matthäus Zell kommt als Prediger an das Straßburger Münster.
1. Januar 1519	Zwingli hält seine Antrittspredigt am Großmünster in Zürich.
26. Mai 1521	Luther wird auf dem Reichstag in Worms für »vogelfrei« erklärt.
1521/22	Luther lebt versteckt auf der Wartburg und übersetzt das Neue Testament. »Bildersturm« in Wittenberg durch Karlstadt und seine Anhänger. Thomas Müntzer in Allstedt (Thüringen).
März 1522	Luther kehrt nach Wittenberg zurück.
1523	Martin Bucer kommt nach Straßburg.
1524	Thomas Müntzer kommt nach Mühlhausen.
1525	Bauernkrieg. Die Heere der Bauern werden in Thüringen bei Frankenhausen und im Elsass bei Scherweiler geschlagen. Die Stadt Mühlhausen ergibt sich. Thomas Müntzer wird enthauptet.
1529	»Marburger Religionsgespräche« über die evangelische Abendmahlslehre auf Einladung von Philipp von Hessen. Es kommt zu keiner Einigung.
Sommer 1530	Reichstag zu Augsburg. Luther hält sich auf sächsischem Territorium (Veste Coburg) auf. Die protestantischen Fürsten legen die »Confessio Augustana« vor.

1531	Die protestantischen Fürsten schließen sich im »Schmalkaldischen Bund« zusammen.
11. Oktober 1531	Zwingli fällt im Kampf gegen die katholischen Schweizer Kantone in der Schlacht bei Kappel.
1536	»Wittenberger Konkordie«: Einigung über die Abendmahlsfrage zwischen Luther und den oberdeutschen Städten (Bucer u. a.). Erster Aufenthalt von Calvin in Genf.
1538	Calvin wird aus Genf verbannt und kommt nach Straßburg.
10. Dezember 1539	Beichtrat der Reformatoren Luther und Melanchthon für Philipp von Hessen. Dem Landgrafen wird eine Doppelehe zugestanden.
1541	Calvin wird wieder nach Genf berufen.
1545	Pestepidemie in Genf und Verbrennung von Hexen.
18. Februar 1546	Luther stirbt in Eisleben.
1546/47	Kaiser Karl V. und seine Verbündeten schlagen im »Schmalkaldischen Krieg« die protestantischen Fürsten. Wittenberg wird von spanischen Truppen unter Herzog Alba erobert. Philipp von Hessen und Kurfürst Johann Friedrich von Sachsen geraten in Gefangenschaft.
1548	Auf dem »geharnischten Reichstag« in Augsburg wird das »Augsburger Interim« verkündet. Die Protestanten müssen zum katholischen Gottesdienst zurückkehren. In den norddeutschen Städten wird das Interim nicht durchgesetzt.
1548	Matthäus Zell stirbt in Straßburg.
1549	Martin Bucer wird aus Straßburg verbannt und geht nach England.
1. März 1551	Martin Bucer stirbt in Cambridge.

1552	Fürstenaufstand gegen den Kaiser in Deutschland
1555	»Augsburger Religionsfrieden«: Der Landesherr bestimmt die Konfession seiner Untertanen.
1556	Kaiser Karl V. dankt ab.
19. April 1560	Melanchthon stirbt. Auseinandersetzungen zwischen sogenannten »Gnesiolutheranern« und »Philippisten«.
27. Mai 1564	Calvin stirbt in Genf.

LITERATURHINWEISE UND QUELLEN

Zu den Frauen der Reformation

Roland H. Bainton: Frauen der Reformation. Von Katharina von Bora bis Anna Zwingli. Zehn Porträts. Aus dem Englischen übersetzt und bearbeitet von Marion Obitz. Gütersloher Verlagshaus, Gütersloh 1995.

Ernestine Diethoff: Edle Frauen der Reformation. Spamer Verlag, Leipzig 1892.

Sonja Domröse: Frauen der Reformationszeit. Gelehrt, mutig und glaubensfest. Vandenhoeck & Ruprecht, Göttingen 2010.

Hartmut Ellrich: Die Frauen der Reformatoren. Imhof Verlag, Petersberg 2012.

Paul Mehlhorn: Die Frauen unserer Reformatoren. Mohr, Tübingen 1917.

Angelika Nowicke-Pastuschka: Frauen in der Reformation. Untersuchung zum Verhalten von Frauen in den Reichsstädten Augsburg und Nürnberg zur reformatorischen Bewegung zwischen 1517 und 1537. Forum Frauengeschichte Bd. 2. Centaurus, Pfaffenweiler 1990.

Käthe Stricker: Die Frau in der Reformation. Quellenhefte zum Frauenleben in der Geschichte. Hg. von Emmy Beckmann und Irma Stoß. Heft 11. F. A. Herbig, Berlin o. J (Geleitwort von 1927).

Marion Kobelt-Groch: Aufsässige Töchter Gottes. Frauen im Bauernkrieg und in den Täuferbewegungen. Reihe »Geschichte und Geschlechter« Bd. 4. Campus, Frankfurt/New York 1993.

Lynda Roper: Das fromme Haus. Frauen und Moral in der Reformation. Campus, Frankfurt/New York 1995

Frauen mischen sich ein. Wittenberger Sonntagsvorlesungen. Wittenberg 1995.

Allgemeine Darstellungen und Quellen

Robert Stupperich: Die Reformation in Deutschland. Gütersloh 1988 (Neuauflage als Monografie im Deutschen Taschenbuch Verlag).

Andrea von Dülmen: Luther-Chronik. Deutscher Taschenbuch Verlag, München 1983.
Die Briefe Martin Luthers werden zitiert nach: Martin Luther: Briefe. Hrsg. von Karin Bornkamm und Gerhard Ebeling. Insel Verlag, Frankfurt/Main 1982.
Die Zitate aus Luthers Werken nach: Martin Luther Studienausgabe. Hrsg. von Karl Gerhard Steck. Fischer, Frankfurt/Main 1970.

MIX
Papier aus verantwortungsvollen Quellen
FSC® C014889
FSC www.fsc.org

Bibliografische Information der Deutschen Nationalbibliothek
Die Deutsche Nationalbibliothek verzeichnet diese Publikation in der Deutschen Nationalbibliografie; detaillierte bibliografische Daten sind im Internet über http://dnb.d-nb.de abrufbar.

3. Auflage 2017

Umschlaggestaltung: Andreas Sonnhüter, www.sonnhueter.com,
unter Verwendung eines Bildes von © akg-images, L. Cranach d. Ä.,
Bildnis einer Stifterin
Lektorat: Nadine Weihe, Hille
Satz und Typografie: Magdalene Krumbeck, Wuppertal
Verwendete Schriften: Adobe Garamond, Futura, Thesis Sans
Gesamtherstellung: Pustet, Regensburg
Printed in Germany
ISBN 978-3-7615-6214-7 (Print)
ISBN 978-3-7615-6215-4 (E-Book)

www.neukirchener-verlage.de